我
们
一
起
解
决
问
题

数据资产交易
解锁数字财富的密码

主　编　陈晓华　刘显武
副主编　徐　刚　褚晓铮　彭苏元

人民邮电出版社

北　京

图书在版编目（CIP）数据

数据资产交易：解锁数字财富的密码 / 陈晓华，刘
显武主编 . -- 北京：人民邮电出版社，2025. -- ISBN
978-7-115-68065-5

Ⅰ．TP274

中国国家版本馆 CIP 数据核字第 2025RH1245 号

内 容 提 要

数字经济时代，数据已从"副产品"跃升为企业的核心资产。能否管好、用好并交易好这些数据，直接决定企业的竞争力与可持续增长空间。

本书立足于我国数据要素市场化改革前沿，以"资源—资产—资本"为主线，贯通政策、法律、会计、技术与国际经验五大维度，系统阐释数据资产化路径、交易市场建设、平台运营、资产入表、交易模式创新、产权制度及交易机制等关键内容。全书语言精炼、案例翔实，可帮助企业将沉睡的数据资源合规转化为可交易、可融资、可入表的高价值资产，并借助政策窗口与国际合作，在数字经济新赛道上实现价值跃升与持续增值。

本书适合企业、数据资产评估机构及产业链相关从业人员阅读与使用，也可作为高校相关专业课程的参考用书。

◆ 主　　编　陈晓华　刘显武
　　副 主 编　徐　刚　褚晓铮　彭苏元
　　责任编辑　付微微
　　责任印制　彭志环
◆ 人民邮电出版社出版发行　　北京市丰台区成寿寺路 11 号
　　邮编 100164　电子邮件 315@ptpress.com.cn
　　网址 https://www.ptpress.com.cn
　　涿州市京南印刷厂印刷
◆ 开本：787×1092　1/16
　　印张：12.5　　　　　　　　　　2025 年 9 月第 1 版
　　字数：201 千字　　　　　　　　2025 年 9 月河北第 1 次印刷

定　价：66.50 元
读者服务热线：（010）81055656　印装质量热线：（010）81055316
反盗版热线：（010）81055315

本书编委会

总 顾 问：倪健中

特邀顾问：张　峰

主　　编：陈晓华　刘显武

副 主 编：徐　刚　褚晓铮　彭苏元

编委会成员（排名不分先后）：

本书编写出版支持单位

杭州长望智创科技有限公司

宁波博登智能科技有限公司

企知道科技有限公司

浙江数秦科技有限公司

山东未来网络研究院（紫金山实验室工业互联网创新应用基地）

国康创科医疗技术（上海）有限公司

深圳市和讯华谷信息技术有限公司

江苏钟吾大数据发展集团有限公司

北京大成律师事务所

中国移动通信集团云南有限公司

深圳知鸟教育科技有限公司

杭州天宽科技有限公司

厦门市健康医疗大数据中心（厦门市医药研究所）

北京热热文化科技有限公司

上海网博网络科技有限公司

成都易播科技有限公司

武汉达梦数据库股份有限公司

南方电网数字平台科技（广东）有限公司

深圳市睿法生物科技有限公司

成都成电金盘健康数据技术有限公司

北京广监云科技有限公司

中贸越呈（重庆）科技开发有限公司

天津乾泰科技有限公司

上海风时健康技术有限公司

星云智慧（福建）能源科技有限责任公司

前　言

数字经济正日益成为推动全球经济发展的新引擎。国家数据局发布的《数字中国发展报告（2024 年）》显示，2024 年我国数字经济核心产业规模稳步扩大，占 GDP 比重达到 10% 左右，这标志着数字经济已成为推动我国经济高质量发展的重要驱动力。在这一转型过程中，数据作为新型生产要素，通过与劳动力、资本、土地、技术等传统要素的深度融合，产生了显著的价值倍增效应，在提升社会生产力、完善公共治理和改善人民生活等方面发挥着关键作用。

随着数字经济的深入发展，培育数据要素市场和完善基础制度建设的重要性日益凸显。2022 年 12 月，《中共中央　国务院关于构建数据基础制度更好发挥数据要素作用的意见》（简称"数据二十条"）颁布，从国家层面系统性地规划了数据要素市场化配置改革，重点围绕数据产权制度、流通交易制度、收益分配制度和安全治理制度等四大基础制度建设，为释放数据要素价值提供了坚实的制度保障和政策支持。

目前我国正处于数字经济快速发展的重要时期。虽然拥有海量数据资源和丰富应用场景的优势，但数据要素向现实生产力的转化仍处于初级阶段。随着数字技术的持续突破、政策环境的不断完善及国际竞争格局的深刻变化，数据要素市场发展既面临新的机遇，也需要应对新的挑战。在此背景下，数据资产交易作为激活数据要素价值的关键环节，通过充分释放数据的金融属性，不仅能够促进数据要素在生产、分配、流通、消费和社会服务管理等各环节的高效配置，更能实现价值创造的乘数效应，为实体经济发展注入新的活力。

本书系统性地探讨了数据要素市场化进程中的关键议题，内容涵盖数据资产化路径、数据交易市场建设、数据交易平台运营、数据资产入表实务、数据交易模式创新、数据产权制度设计、数据交易机制完善等核心领域。作为一部系统研究数据资产交易的专著，本书立足于中国数据要素市场发展实际，既深入探讨了数据资产的价值创造与传递机制，又详细剖析了数据交易实践中的关键问题，旨在为读者提供全面、深入的专业指导。我们相信，通过厘清数据资产的价值实现路径，将有助于更准确地评估和展现数据的经济价值，进而推动数据要素的有序流通和高效配置，充分释放数据要素对经济社会发展的巨大潜力。

本书汇聚了多位行业内知名专家与学者的智慧结晶，由数字经济学家陈晓华教授和张峰教授总体策划；陈晓华教授和刘显武教授担任主编；徐刚、褚晓铮、彭苏元担任副主编。杨思雨、赵玉荣、张苏雁、王献东、郭雅琼、刘方方、马偲淇、郭浩东、王逸飞等共同参与了本书的编写。我们期待本书能够为相关领域的理论研究和实践探索提供有益的参考。

目 录

第一章

数据资产化：从沉睡到觉醒的宝藏

在当今社会，数据已经演变成为一种关键的生产资源，它深入渗透到国民经济的各个层面，对于促进我国经济实现高质量发展扮演着不可或缺的角色。2020年3月，《中共中央 国务院关于构建更加完善的要素市场化配置体制机制的意见》发布，该意见明确提出要加快建立数据要素市场，同时正式将数据作为一种新型生产要素与土地、劳动力、资本和技术等传统要素并列，这标志着我国进入了一个以数据要素市场化为核心的新时期。2022年1月，国务院办公厅推出了《国务院办公厅关于印发要素市场化配置综合改革试点总体方案的通知》。该通知倡导对数据要素的流动制定相应的规范，并按照不同的级别和类别逐步推进特定领域的数据交换与应用，进而深化了要素市场化的改革步伐。

党的二十大报告明确提出：加快发展数字经济，促进数字经济和实体经济深度融合，打造具有国际竞争力的数字产业集群。在当下阶段，对于数据要素市场的构建来说，数据的资产化转型扮演着核心角色。在中国数字化经济发展的蓝图中，数据资产化不仅是不可或缺的一环，而且是释放数据要素潜在价值的关键途径，预示着其在未来的广阔前景和巨大潜力。

第一节　数据资产化的奥秘：如何从"数据垃圾"中淘金

在数字经济的浪潮下，数据的融合与应用正在深刻地改变着传统的生产模式。当数据与劳动力、资本、技术等传统生产要素相结合时，它们不仅能相互促进，还能创造出全新的价值链，推动产业升级和经济转型。这种融合不仅仅是简单的叠加，而是通过深度整合和创新应用，实现了价值的几何级增长，使得数据成为一种可以衡量、管理和交易的新型资产。数据资产化为传统市场带来了革命性的新动力。在这个过程中，如何有效地进行数据资产化成为各界关注的核心议题之一，因为它直接关系到数据要素价值的充分释放与利用。

一、数据资产化的定义揭秘

数据要素在经济理论中的重要性变化，源于信息技术进步以及学术界和实践者对其理解的不断深化。20世纪80年代后期，诺贝尔经济学奖获得者罗伯特·索洛（Robert Solow）提出了所谓的"IT生产力悖论"。这个悖论源于观察到的现象，即在过去的十年里，尽管美国企业在信息技术上的投入不断增加，但并没有显著提高企业绩效。这引发了广泛的讨论和研究兴趣。随着时间推移，特别是进入21世纪以来，随着信息技术的飞速发展和广泛应用，"IT生产力悖论"逐渐消解，大量研究表明信息技术确实能积极促进生产效率的提升。"信息有效性"的观点逐渐成为主流。到了2012年，维克托·迈尔−舍恩伯格（Viktor Mayer-Schönberger）与肯尼思·库克耶（Kenneth Cukier）在《大数据时代》一书中系统梳理并推广了"大数据"概念，显著推动了数据价值研究的兴起。在这个时期，研究者们开始区分信息技术的基础设施和能力两个层面，发现后者对企业生产率的贡献更为显著，因为它推动了数据和信息的深度整合，改进了业务流程和服务质量。因此，无论从学术角度还是实际操作来看，数据作为生产要素的重要性已经获得普遍认可。在这样的趋势下，将数据正式纳入生产要素框架已成为必然选择。

在中国经济体制改革的漫长旅程中，我们见证了数据如何逐步崭露头角，成为关键的生产要素，并与我国的收入分配制度改革形成了紧密的联系。在社会主义初级阶段，我国坚持公有制为主体、多种所有制经济共同发展的基本经济制度，并实行与之相适应的按劳分配为主体、多种分配方式并存的收入分配制度。

随着经济社会的持续进步和发展，各种生产要素在经济活动中的重要性和地位也在不断地发生变化。为了适应这种变化，并根据不同历史时期经济社会发展的具体情况和需求，党中央作出战略决策，明确资本、技术、管理、知识和数据等生产要素按贡献参与分配。这一举措不仅体现了对新时代发展趋势的准确把握，也彰显了我国经济制度的包容性和创新性。

尤其在近几年，随着大数据技术和数字经济的迅猛发展，数据的重要价值得到了前所未有的凸显。它不仅在提升全要素生产率方面发挥着关键作用，更是成为激发经济发展新动能的核心力量。正因如此，将数据要素确立为一种新型的生产要素，并将其正式纳入到分配体系以及国民经济的价值创造体系中，顺应了社会进步的需要与历史演进的大势。2022年12月，《中共中央 国务院关于构建数据基础制度更好发挥数据要素作用的意见》正式出台，成为具有里程碑意义的政策文件。该文件提出了一系列重要指导和政策建议，旨在推动数据要素市场的繁荣与增长。这些建议包括构建一个既高效又公平的数据要素收益分配体系，以及完善根据市场对数据要素的贡献来评估和确定相应报酬的机制。其核心目标是激活并提升数据要素市场的动力与潜能，确保数据要素能够得到更加充分和合理的利用，从而推动整个社会的创新和发展。通过实施这些政策，期望实现的目标不仅仅是推动数据要素市场的健康发展，更重要的是让全体人民都能够参与到数字经济发展的过程中来，共同分享数字化带来的丰硕成果。这不仅是对社会主义本质要求的积极响应，也是构建社会主义现代化强国的题中之义。通过不断地改革和创新，中国的数据要素市场必将迎来更加辉煌的未来，为全球数字经济的发展贡献更多的智慧和力量。

要探讨数据资产化的问题，我们首先要清楚什么是数据资产，也就是要了解数据资产的内在含义。这个概念是从数据资源和信息资产的概念发展而来的，并且在当前的大数据时代变得越来越重要。数据资产与数据资源的不同之处在于它们的性质和价值体现方式。通常情况下，数据资源可能缺乏标准化的格式、结构化处理和质量保证，因此在用于特定目的之前，其没有明显的价值。只有在实际使用过程中，数据资源才会展现出其价值潜力。相比之下，当数据资源成为资产时，它们会表现出一些独特的属性，如高质量、高使用价值、强融合性和可交易性。

另外，数据资产与信息资产的区别也值得关注。信息资产不仅涵盖有价值或有潜力的数据，还包含通过员工、客户、竞争对手、商业合作伙伴和市场等多种途径获得的隐性知识，亦可称为知识资产。随着数字经济的发展和深化，数字资产的定义和内涵也在不断地演变和发展。

从狭义的角度来看，数据资产主要指由数字技术产生的类似金融性质的资产，如数字货币。而从广义的角度来看，数据资产包括了所有可以创造价值或具有潜在价值的数据资源。在不同行业里，关于数据资产的概念存在不同的解释。例如，我国的资产评估机构认为，数据资产是指那些被明确的所有者或管理者所掌握，可以不断产生价值并为所有者或管理者带来明显或不明显的经济效益的信息资源。

1. 何为数据

数据并不是生来就具备资产属性的，它作为一种宝贵的资源，其资产特性正变得越来越明显。由于数据拥有非排他性和价值不确定性等独特特点，这不仅推动了数字经济的迅猛增长，同时也为明确数据资产的界限带来了一定的困难。

具体来看，数据资产的这些特点主要体现在以下三个方面。

第一，虽然数据资产着重于数据的经济效益，但由于数据复制和使用的成本相对较低，一旦数据出现，就可能快速扩散并被获取，这会减少最初所有者所能获得的经济收益。

第二，即使数据是从企业的日常运营活动中产生的，但它与企业的核心业务并不总是紧密相连，因此不一定能立刻转换为企业的经济效益。很多企业投入大量资金进行数据挖掘和分析，但这些数据的潜在价值通常不会马上体现在企业的利润上，有时甚至会暂时性地降低企业的盈利能力，给人一种企业经营不善的错觉。

第三，从理论上看，数据资产的价值是可计算的，但在实践中，它的确切价值则依赖于数据使用者特定的需要和应用环境的具体情况，这种不稳定性使得准确评估数据资产的价值变得非常复杂。

2. 何为数据资产

数据资产是数字化时代的一个重要概念，它的理解和界定对于推动数据资产化进程至关重要。数据资产的观念起源于何时以及如何发展至今，目前普遍接受的观点是理查德·彼得森（Richard Peterson）最早提出了"数据资产"这一术语。然而，由于当时对数据资产的理解尚不深入，因此他将数据资产的范围限定在了诸如政府债券、公司债券及实物债券等传统金融资产上。随着时间的推移，人们对数据的认识不断深化，这促使了全球范围内许多国家与企业开始重视数据资产的重要性，并逐步形成了将数据视作一种重要资产的社会共识。

国外一些官方机构对数据资产的现代定义是，数据资产是通过实体、系统或程序提供访问服务的一系列集合，包括但不限于数据库、网页和网站等。在中国，学术界的讨论则呈现出多样化的趋势。早期的探讨多参照企业会计标准，将数据归类为普通资产类型。而近期的学术研究中，一些专家尝试将传统的资产定义与数据的独特属性结合起来，提出了一种新的观点：数据资产应被视为具有高质量、明确所有权和价值、能够被量化并可进行有效访问的数据资源。

当前对于数据资产的定义尚未达成共识，但鉴于数据资产本质上属于资产的一部分，我们可以借鉴现有关于资产的定义来解读数据资产的概念。《企业会计准则》将资产定义为："企业过去的交易或者事项形成的、由企业拥有或者控制的、预期会给企业带来经济利益的资源。"从这个角度出发，企业的数据资产可以被看作是那些由过往的交易或事项产生的，且被企业所拥有或控制的数据资源，这些资源有望为企业创造经济价值。然而，考虑到数据的广泛分布及其独特的特性，这一传统定义在实际应用中显示出一定的局限性。它主要适用于企业内部的数据资产，而且过于侧重对资源的所有权或控制权，忽视了数据资产多样化的权属形态。另外，数据资产的价值往往是不确定的，不仅仅局限于经济利益。因此，《企业会计准则》中的资产定义并不能完全覆盖数据资产的复杂性，仅适用于特定范围的数据资产。

为了更好地理解和定义数据资产，我们可以参考 2018 年国际会计准则理事会（IASB）发布的《财务报告概念框架》中对资产定义的更新内容。即资产被定义为"主体因为过去事项而控制的现时经济资源，经济资源是指有潜力产生经济利益的权利"。这个定义相较于之前有了显著的变化，强调了资产作为一种权利的性质，而不仅仅关注其实物特征，这样的转变符合现代经济活动和创新型商业模式的发展趋势，使得更多的数字经济资源得以纳入到资产概念的范畴内。此外，IASB 的资产概念框架还降低了资产必须带来明确经济利益的可能性要求，这种宽松的标准在一定程度上更适用于解释数据资产的内在含义，因为数据资产正是价值难以确定的一类资产。尽管该概念框架不能完整地捕捉数据资产的全部内涵，但它为研究提供了一个基本的认识基础，这有助于进一步探讨和理解数据资产的真正意义。

在深入分析前人研究成果的基础上，我们可以对数据资产进行重新定义。数据资产是由一个组织合法拥有或控制的数据资源集合，这些数据资源通过电子或其他形式进行记录，包括但不限于文本、图片、声音、视频、网页、数据库以及传感器信号等多种格式，可以是结构化的也可以是非结构化的。这些数据资源可以被量化并进行交易，它们不仅能为企业带来直接或潜在的经济收益，同时也能为社会发展作出贡献。

数据要素转化为数据资产必须满足两个基本要求。

第一，需要清晰界定数据所有者对其数据的权益。IASB 将资产视为一种权利。这意味着我们必须确定个人或组织是否拥有或可以行使与数据相关的权利。在讨论这些权利时，我们应主要关注数据产权。数据产权涵盖四个关键方面：所有权、使用权、收益权和转让权。

第二，数据权利的合法运用应当具有创造潜在价值的潜力。这种价值不仅限于经济效益，还包括社会效益。与 IASB 的资产概念框架所强调的经济利益不同，数据资产的价值是多维度的。它不仅体现在企业通过数据资产获取经济利润上，还表现在政府机构利用公共数据资产为社会带来积极影响的能力上。因此，数据资产的价值构成是多元化的，既包含经济层面，也涉及社会层面。

3. 何为数据资产化

数据资产化的概念涉及对数据要素价值的挖掘与实现过程。这一过程涵盖了从数据的收集到处理、管理、分析直至交易的完整链条。其核心目标在于促进数据由简单的信息元素转变为具有明确市场价值的资产形式，从而充分发掘和利用数据所蕴含的经济潜力与社会效益。通过这样的转变，不仅能够激活社会中的海量数据资源，将其转化为实际的生产力，还能够催生全新的经济增长点，为社会带来更多的创新与发展机遇。数据资产化被视为数字经济时代的关键战略领域，对于推动整个社会的数字化转型具有重要意义。

（1）数据资产化需要满足的条件

并不是所有的数据要素都能够转化为数据资产，也不是所有的数据要素都适合被资产化处理。通过对数据要素的特性、价值实现途径以及数据资产的定义和含义等方面进行深入研究，我们可以发现，要将数据资产化，必须满足以下几个基本条件。

第一，数据要素必须具备成为数据资产的潜力。这意味着只有那些具有潜在价值的数据要素才有可能被资产化。根据数据资产的定义，不是所有的数据要素都可以被视为资产；只有当数据要素的权利可以明确界定，并且主体能够在法律允许的范围内通过这些数据来创造经济或社会价值时，才可以被归类为资产。

第二，必须能够确定主体是否拥有或有权行使与数据相关的权利。清晰地划定这些权利的范围，对于合法行使这些权利并进一步发掘数据要素的价值至关重要。

第三，需要对数据要素创造价值的潜力进行评估。由于数据要素的价值存在不确定性，现在看起来不能产生价值的数据要素在未来可能会变得有价值。因此，对数据要素价值潜力的识别和评估应该贯穿于数据资产化的整个过程，而且这种评估应当着重于预测未来的价值潜力。特别是在数据要素市场的早期发展阶段，数据价值的实现面临着很大的不确定性，短时期内看似没有价值的数据并不代表它没有潜在的增值能力。通常情况下，只要数据还没有彻底失去价值，我们就认为它仍然具有潜在的价值。

（2）数据要素的归属

从根本上说，数据资产化的关键在于解决数据要素的归属问题，并对它的价值做出准确判断。

在讨论数据的权利归属时，通常会考虑数据的来源及其处理方式。这要求根据数据的来源和处理方式对其进行分类，以便更好地理解数据权利的相关性问题。总体上，数据可以分为两大类：原生数据和衍生数据。原生数据是指那些未经任何处理或转换的直接收集到的原始信息；而衍生数据则是由对这些原始信息的进一步处理和分析所产生的新数据。原生数据通常不具备创新性，仅仅是对事实的简单记录，而衍生数据则可能包含了创造性的智力劳动成果。

依据这种分类方法，那些直接反映对象基本属性的信息多归类于原生数据，如物品的基本规格参数；而那些经过计算、统计或分析得出的结果，如市场趋势预测报告等，则大多被视为衍生数据。在实际的业务操作中，各种类型的数据常常会同时涉及原生数据和衍生数据。举例来说，商业交易的原始记录，如商品的成交量和单价，可以被看作是原生数据；而通过对这些交易数据的深入挖掘和分析得到的消费者喜好模式、信用评估结果及顾客形象描绘等，则构成了衍生数据的一部分。

原生数据的来源主要是数据收集者直接获取和初步处理的结果。通常情况下，如果没有特别的限制，那么这些数据收集者往往被视为数据的主人，他们享有数据的所有权。这意味着他们有权直接使用这些数据，也可以进一步开发和销售数据产品，或将数据转让给他人。然而，这里有一点需要特别注意，那就是涉及个人隐私的数据。个人对这些数据有一定的控制权，包括但不限于限制访问、拒绝分享、修正错误信息、删除个人信息及撤销之前给予的授权等。在这种情况下，这类数据的所有权实际上属于个人。但是，我们也不能忽视数据持有者在数据收集、处理和储存过程中的贡献。他们在这一过程中投入了大量的资源，如人力、物资和资金，并通过他们的技术和服务为客户提供了价值。为了促进数据市场的健康发展，可以考虑在遵守法律和规定的基础上，授予数据持有者一定的数据使用权和收益权。不过，这必须建立在数据收集和使用已经得到用户明确同意的基础之上。

衍生数据因其复杂的结构特性而带来了相应的权属难题。根据衍生数据的来源不同，我们可以将其划分为两大类别。

一是源自自身数据的衍生数据，这类数据是在组织或个人内部的数据处理过程中产生的。当这些数据的处理过程涉及不可逆的匿名化操作时，该组织或个人通常能够拥有这些衍生数据的所有权、使用权、收益分配权及转让权。

二是源自外部数据的衍生数据，包括从第三方机构或公开渠道收集的数据生成的衍生品。在这种情况下，权属关系更为错综复杂。若数据是通过合法途径从第三方购买并获得所有权的，那么数据的购买者可以获得衍生数据的所有权、使用权、收益分配权及转让权。若第三方并未转移数据所有权，则数据购买者可能只能拥有衍生数据的一部分所有权（通常是增值部分的），同时保留使用权及收益分配权。至于那些来自公共领域的数据，它们既不是由原生数据直接产生也不是通过交易获得的，因此其所有权通常并不归属于任何单一的数据加工方。尽管如此，数据加工方仍然有权利对这些数据进行加工和使用，并从中获益。

（3）数据资产化的过程与途径

数据资产化涉及一系列过程，包括对数据进行处理、融合及深入挖掘其潜在价值，最终将其转变为一种资产形式，从而充分发挥其潜在的经济效用。具体来说，这一概念涵盖了将数据作为一种资产纳入财务报表的过程，即承认数据为企业资产负债表中的一项资产，进而反映出它所蕴含的商业价值。从这个角度来看，数据向数据资产的转变实际上是数据价值得以实现的过程。这个过程体现了以下几个关键特点：

首先，数据资产化的基础在于数据资源本身，这意味着我们需要把原本分散且未经整理的数据转换成为具备实际价值和易于管理的信息源；

其次，数字技术在这一过程中扮演着核心支持的角色，它不仅拓宽了我们对数据要素的理解和应用范围，还揭示了数据背后的深层价值；

再次，数据资产化并非一蹴而就，而是沿着数据权利确定、数据评估及数据交易等一系列环节逐步推进的，这是一个既连续又复杂的进程；

最后，数据资产化的终极目标是追求价值的创新与最大化，这要求我们不仅要重视数据的分析和利用，还要确保其在各种业务情境中的应用能够带来最大的经济效益和社会影响。

数据资产化作为推动数字经济发展的关键环节，不仅承载着显著的现实意义，还蕴含着广阔的发展潜力。其在助推经济增长、激活全社会创新能力及提升社会治理效能等多个维度上，均展现出多样化的实践可能性和应用前景。当前阶段，实现数据资产化的主要途径在于充分挖掘其内在的经济与社会价值，通过构建完善的数据交易市场体系、强化数据安全与隐私保护措施、鼓励技术创新与应用推广等策略，进一步释放数据要素在经济活动中的核心作用，从而为社会的全面进步注入新的动力源泉。

具体而言，数据资产化的实现途径包括以下几方面。

一是通过业务数字化转型，显著改善业务流程，并催生新的商业模式。具体来说，数字化的实施能够借助数据元素的深入影响力和跨领域整合能力，为企业的运营和管理带来强大的动力。这种转变不仅促进了企业在产品开发、服务质量提高、客户关系管理和战略规划等方面的持续进步，还为其提供了更为精准的市场洞察力。例如，通过对消费者行为数据和人口统计信息、交通网络数据及客户特征的分析，企业可以对特定地区的市场潜力做出预测，从而确定目标客户群体，制定出合理的价格策略并拓展市场。此外，企业还可以建立符合业务改革要求的数据中心，集中处理和存储数据资源，确保各个业务部门和协作单位之间的数据互通。基于这些数据基础，企业可以进行业务流程的重组和创新，改进关键的业务管理模式，增强传统服务的效率和质量。同时，通过创建典型的、高频率的应用场景，企业可以进一步探索相关业务的最佳实践方案，最终实现智能化经营和管理。

二是数字经济与实体经济深度融合。随着各行业间的相互依赖性不断增强，使得某一行业所积累的数据资源成为其他相关行业制定战略决策的重要支撑。相关企业通过对特定行业的原始数据进行系统性的收集和处理，并结合先进的算法技术建立分析模型，可以有效地克服所在行业在运营过程中遇到的挑战，从而将这些数据的潜在优势转化为实际的商业效益。例如，对房地产市场的基础数据分析可以为银行业务带来显著的价值提升。在办理个人住房贷款时，银行可以利用这些数据进行客户的信用评级、风险管理及处理逾期还款等问题。这表明，数字化业务的推进不仅在扩展新业务范围方面具有巨大潜力，还在推动相关行业的发展中发挥着至关重要的作用，预示着其在未来拥有无限的商业机会和发展空间。

三是促进智慧城市的建设和发展，建立一个全新的"数字治理"模式。这个模式不仅仅是企业的智能化经营或商业模式的创新，而是要将各个业务层面和企业层面的数据要素的应用与城市的其他功能相结合，使数据资产化真正融入智慧城市的发展进程中。现在，许多城市已经开始实施数据治理工作，它们通过对基础数据全面、系统的整理和分析，对政务、交通、医疗、教育等领域的数据进行整合和优化，推动了这些领域的高效、集约和智能化发展。这样做的目的是逐步建立起一个智能化的城市运营和服务体系，提高城市的管理水平。

在当前经济社会面临诸多困难和挑战的情况下，让城市更加高效、智慧地运作已经成为推动城市治理体系和治理能力现代化的关键需求。因此，"数据＋技术"的模式被用来构建"一屏监测、一网统管"的数字管理平台，实现了监管效能从静态到动态的全息转换，这是现代城市管理的一个新的发展趋势。

未来的智慧城市建设还需要不断地进行系统迭代，以满足全量数据采集汇聚、全域数据融合、全维数据智能分析的需要。这将有助于各主管部门深入了解城市发展的内在规律，并提供决策支持。此外，大数据、物联网、区块链、AR/VR等新技术的引入，可以满足技术架构扩展的需求，同时为智慧城市管理的创新提供更多的可能性。

数据资产化未来将会在城市整体的智能化治理中扮演重要的角色。从构建智慧城市生态的角度来看，通过数据和技术的赋能，建立一个开放的业务协同、产业孵化和数据流通的平台，创造数字经济的新业态，丰富智慧城市生态的构成要素和内容空间，可以为智慧城市的建设、运行和管理提供更好的支持。

四是进一步挖掘数据生产力的潜力，不断探索如何利用数据来促进社会的创新发展。这不仅包括通过数据资产化直接为社会带来明显的经济效益，还包括将其融入整个社会的创新体系中，从而激发各个市场主体的创新能力，推动创新的实践活动，以及激发全社会的创造力。

特别是在当前这个时代背景下，数据资产化对于推动人工智能、区块链、车联网、物联网等领域的深入发展具有重要作用，它有助于建立统一的技术标准，引导行业的发展方向。同时，数据资产的流通、连接与整合也有助于构建一个开放的创新发展环境，形成共同协作的创新氛围，最终激发出全社会的创新活力。

数据资产化的概念已在多个领域逐渐展现出其潜在的价值和应用前景。然而，尽管数据资产化在某些方面取得了一定的进展，如业务赋能、商业模式创新及智慧城市建设等，我们仍然必须认识到，这一过程目前仍处于起步阶段。对于数据要素所蕴含的巨大潜力，我们的发掘还不够充分，与数据商品化和数据资本化的目标相比，还存在明显的差距。

这种差距的存在，很大程度上源于数据要素市场化尚处于早期发展阶段，以及对数据要素本身的理解深度不足。此外，关于数据要素的确权、价值评估、交易流通等方面的标准与规则体系尚未完善，导致市场主体缺乏活力，交易生态系统也未能有效构建起来。这些问题共同成为阻碍数据资产化发展的主要瓶颈，亟待解决。

二、数据全生命周期管理的魔法棒

数据全生命周期管理（Data Lifecycle Management，DLM）涵盖了数据从生成、收集、处理、应用、归档直至销毁的全方位管理活动。该管理活动的核心目标在于维护数据的可访问性、完整性、安全性，以及符合相关法律法规的要求，从而满足企业在运营过程中对数据的需求，并确保企业在法律框架内合规运作。

数据全生命周期管理可以划分为以下几个关键阶段。

1. 数据的创建与采集

数据的创建与采集构成了数据整个生命周期的开端。在此过程中，企业可以通过各种途径来生成数据，如录入信息、传感器收集等。这些原始数据可能以多种格式存在，包括 PDF 文件、图片、Word 文档以及 SQL 数据库内的信息等。

2. 数据的储存与保护

数据一经产生并被捕获后，企业需要将其妥善地存储起来，并且必须采取相应的安全措施来防止未经授权的访问和数据泄露。此外，建立一套可靠的数据备份和恢复机制也是至关重要的，这样可以保证数据在整个生命周期的持久性和可用性。

3. 数据交互与应用

在这个活跃的阶段，数据被用来支持和促进企业的日常运营和各种业务活动。这意味着数据可以被查询、分析、编辑及进一步保存。同时，为了确保数据的完整性和透明度，对于所有的关键数据操作，企业都应该留下可追踪的审计日志。另外，企业还可能在必要时与外部的人员或系统分享数据。

4. 数据存档

随着时间的推移，某些数据可能不再频繁地被使用，但这些数据仍然具有潜在价值，或者在法律上要求长期保存。因此，将这些数据转移到专门的档案存储系统中是一种常见的做法。存档不仅是为了释放生产环境的资源，同时也为了满足长期合规的要求和历史参考的需要。尽管存档的数据不再经常被直接访问或更新，但在特定情况下，仍需要将它们检索回生产环境中用于分析或其他用途。

5. 数据销毁

尽管理想情况下我们希望能够无限期地保存所有数据，但实际上，由于存储成本的上升和合规性的要求，我们不得不考虑淘汰那些已经不再需要的数据。数据销毁意味着彻底从组织的系统中移除某个数据条目的所有副本，这个过程通常在存档库中进行。这一环节的主要挑战在于如何确保数据被彻底销毁。在进行数据销毁前，企业必须确认相关数据已经超过了法定保留期限。制定清晰且详细的数据全生命周期管理流程，对于保障数据治理在机构内部的有效实施至关重要。

第二节　实践中的数据资产化：企业如何点石成金

一、企业数据资产化的具体步骤

在数字化浪潮的推动下，数据的地位日益凸显，其价值也逐渐被挖掘出来。数据资产化已成为企业提升竞争力的核心策略。在当今社会，通过有效的数据资产化，对数据的深入挖掘和价值转化，企业不仅能够提高决策质量，还可以优化决策流程，开拓新的收入渠道。然而，企业应如何有效地管理和利用这些数据资源？近年来，学术界对数据资产化过程中出现的一系列问题进行了深入研究，以期找到最佳的解决方案。

我们需要先明确什么是数据资产化。简单来说，数据资产化就是将数据作为一种资产进行管理、评估和交易的过程。在这个过程中，涉及三个关键环节：数据确权、数据估值和数据流通。

1. 数据确权

为了确保数据能够在市场上自由交易和流动，我们先要确立明确的数据权属关系。这是推动数据成为可量化资产的必要步骤，同时也是构建健康有序数据市场的基石。从法律角度来看，数据权利可以根据不同的权限划分为所有权、控制权、收益权和处分权等。在这些权利中，所有权的明确界定尤为关键，它不仅决定了数据作为资产的基础属性，还直接影响数据在不同主体间的流转和使用边界。

由于数据本身具备的非竞争性和易于复制的特性，它在提高信息共享效率的同时，也使得追踪数据和确定其归属变得更加复杂。这种特性一方面增强了数据的流通性，推动了数据交易市场的繁荣；另一方面，也给数据的追溯和保护带来了挑战。

面对这些挑战，学术界已经开始深入研究新的理论基础，旨在更好地理解和处理数据资源的独特性质。同时，研究者们也在积极探索如何将这些理论转化为实践中的具体措施，以解决数据确权问题。现有的研究显示，关于数据权属的主要争议点在于个人与企业之间的利益平衡。如何在保护个人隐私和数据安全的前提下，合理分配企业对数据的利用权益，成了亟待解决的问题。要充分发挥数据在经济活动中的作用，必须建立起一套完善的数据权属制度。这不仅有助于促进数据的合法交易与流通，还能为数据资产化进程提供坚实的法律保障。

2. 数据估值

在当今的数字经济时代，数据的地位日益凸显，它已经从传统的信息资源转变为关键的生产要素。随着数据在经济活动中的重要性不断提升，如何准确评估数据资产的价值成了学术界和产业界共同关注的重要课题。数据估值的过程涉及选择合适的货币计价方法和评估技术，以确保准确地反映数据的经济价值。

首先，货币计价方法是确定数据价值的基础。这些方法包括按离散计数计价、按使用量计价、按使用时长计价及混合计价。在实际操作中，可能会综合上述多种因素，形成更为复杂的计价体系。然而，由于数据的价值受到使用者及其特定应用场景的影响，我们很难为所有类型的数据设定统一的标准计价方法。不同行业、不同用途的数据具有不同的经济价值和市场潜力，这要求我们在进行数据估值时必须考虑到这些差异性。

其次，除了货币计价方法，我们还可以通过分析数据的内容和质量来进行估值。这种方法更加注重数据本身的内在价值，如数据的准确性、完整性、时效性等。通过对这些方面的评估，可以得出一个相对客观的数据价值判断。在数字经济时代，数据资产的估值是一项复杂而重要的任务。这不仅关系到企业的财务决策和市场竞争力，也影响着整个社会的资源配置和经济效率。因此，我们需要不断探索和创新数据估值的理论和实践方法，以便更好地适应快速变化的市场环境和技术发展。

3. 数据流通

数据流通不仅是推动数据价值发现的关键途径，也是构建健康有序的数据生态体系的基础保障。它促进了数据的流动与交换，使得数据所蕴含的价值得到充分展现和应用。具体而言，数据流通涵盖三个主要方面：数据开放、数据交易和数据共享。

（1）数据开放

数据开放指的是数据拥有方将其所掌握的数据资源向社会公众公开，让所有组织和个体都能够自由地获取、分析和利用这些数据。这一过程具有三个核心特征：数据的授权许可、可访问性和对所有人的平等对待。数据开放的起源可以追溯到 2009 年美国发布的《开放政府指令》。随着时间的推移，推动数据开放的力量已不再局限于追求信息的透明度，而是扩展到了同时促进信息透明度和探索商业机遇的双重目标上。

依据有效市场假说（Efficient Market Hypothesis），数据开放能够减少信息处理的成本，增强管理层的决策能力以及利益相关者的监管效能，最终提高企业的运营效率。此外，特定领域的开放数据还能增加企业在市场上的敏感度，帮助准确评估市场需求并对供应链资源进行优化分配，这不仅能提高生产和质量水平，还有助于企业整体业绩的提升。

数据发布者不仅要承担因数据共享可能带来的经济损失，还需要投入大量资源来确保数据的安全和合理使用，这使得数据开放的实施变得复杂且成本高昂，导致其在实际中的应用并不广泛。

（2）数据交易

数据交易是一种新兴的交易方式，以数据为交易对象，通过交易市场实现数据的流通与交换，其中包括数据各种权益的转让过程。2015 年，我国贵州省成立了数据交易所，这标志着国内数据交易市场及相应交易模式的初次探索。这种交易模式有助于缓解信息的不对称性，使企业能够更加便捷地获得实时更新的经济数据资源，进而有效降低因信息不对等引发的成本支出。

当前我国的数据交易市场正面临着一系列挑战，包括交易对象界定不清、参与主体角色模糊、交易场所选择不明、交易机制尚不完善，以及相关的规则和流程缺乏统一的标准等。为了推动数据交易的健康发展，建立健全数据交易制度框架和保障体系是非常必要的。

（3）数据共享

与单向的数据公开不同，数据共享更多地涉及特定参与者之间的数据流动，它强调了交互的双向性质及参与者的共同意愿。这种共享机制不仅能够减少数据采集的成本，还能增强数据的通用性，从而最大限度地发挥数据的社会价值。然而，由于数据流通规则尚不完善，数据共享面临着隐私泄露和数据滥用的风险。这些安全问题限制了数据共享的应用范围，通常只在公共部门、非相关的需求方、互补的需求方，或者在那些对伦理和安全有着极高要求且无法通过常规交易获得数据的情境下才被采用。

从博弈论的视角来看，数据共享被视为企业构建市场竞争优势的一种策略。但在实际操作中，市场机构常常倾向于垄断数据以获取额外利润，这导致了数据共享动力不足。

对于企业而言，数据的流动既是一种宝贵的资源，也是一种潜在的风险因素。数据作为企业的核心资产之一，其价值在于能够被有效利用和分析，从而为企业决策提供支持、提升效率以及创造新的商业机会。因此，确保数据的自由流通是企业实现数字化转型和数据驱动战略的关键步骤。

与此同时，数据的不当处理或泄露也可能带来严重的后果。例如，客户信息的外泄可能导致信任危机，敏感的商业秘密泄露可能损害企业的竞争力，甚至违反法律法规，导致法律责任和经济损失。此外，随着全球对个人隐私保护意识的增强，不当的数据流通还可能引发负面舆论，影响企业形象和市场声誉。企业在追求数据流通带来的利益的同时，必须采取综合措施来管理其中的风险，以确保数据资产的合理配置和价值最大化。

总而言之，实现数据的资产化涉及一个全面的过程，要求企业在数据确权、数据估值、数据流通等方面做出必要的投资与技术支持。伴随着大数据与 AI 技术的进步，数据资产化为企业带来了新的机会和挑战。因此，企业应当把握这个发展趋势，积极尝试并实施数据资产化策略，实现从原始数据到数据资产再到数据价值的转变，从而增强自身核心竞争力，在激烈的市场竞争中保持领先地位。

二、成功案例：企业如何通过数据资产化实现价值提升

在数据资产化的金融创新实践中，我国已经取得了一系列显著的成果。特别是在 2023 年 8 月之前，多个城市如贵阳、上海、杭州、北京、苏州、深圳等就已经开始了对数据资产质押融资贷款的初步探索。这些地区的金融机构和企业开始意识到数据作为一种新型资产的巨大潜力，并积极寻求将其转化为实际的经济效益。

西安市于 2023 年 4 月成功推出了国内首个数字资产保险项目。这一举措不仅为数据资产提供了风险保障，也为整个行业树立了标杆。与此同时，广西壮族自治区也在积极探索数据信托产品的可能性，试图通过这种方式来进一步挖掘数据的潜在价值。而在东部地区，杭州市和青岛市则分别在大数据和区块链技术的基础上，展开了数据资产证券化和数据知识产权证券化的尝试。这些创新性的做法旨在拓宽数据资产的融资渠道，使其能够更加灵活地参与到经济活

动中去。

随着 2023 年 12 月和 2024 年 12 月两份关键文件，即《关于印发〈关于加强数据资产管理的指导意见〉的通知》（财资〔2023〕141 号）和《关于印发〈数据资产全过程管理试点方案〉的通知》（财资〔2024〕167 号）的发布，我国的金融创新实践又迎来了新的高潮。上海市率先推出了一款基于"数易贷"服务的全新数据资产质押融资贷款产品，这标志着数据资产正式进入了信贷市场。而温州市也大胆尝试开展全国首例表内数据资产质押融资业务，为其他地区提供了宝贵的经验。

此外，湖南省、郑州市、厦门市、东莞市以及嘉兴市南湖区等多个省市地区也纷纷加入到了这场金融创新的浪潮中来。它们各自根据自身的实际情况和发展需求，积极开展数据资产的无抵押融资贷款创新探索。这些努力无疑进一步推动了我国数据资产化的进程，为未来的经济发展注入了新的活力。

案例 1-1：全国首单数字资产保险

2023 年 4 月 21 日，一项新的数字资产（即数据资产）保险产品在我国西安市首次推出。这个项目是由西安市碑林环大学数字资产保险创新中心发起的，中国人民财产保险股份有限公司西安市分公司则担任了承保的角色，此轮共计为十家公司的数字资产给予了总计 1 000 万元人民币的风险保障。

这一数字资产保险产品的推出标志着数字资产保险创新的重大突破，实现了从零到一的飞跃，并在西安这座充满活力的科技创新城市中得以先行实施。据记者调查，数字资产保险通过运用区块链和隐私计算等先进数字技术，能够将企业在研发、生产和销售等环节产生的各类数据进行有效转换，使之成为可识别的数字资产，并通过保险的创新方式对其价值进行评定。数字资产保险能够协助企业维护其商业机密和技术核心，并提供科技保险的支持与服务，助力企业充分挖掘数字资产的经济潜力。

在发布会现场，十家公司被授予了中国首批数字资产保险证书。这种新型保险不仅守护着企业的关键竞争优势，而且将抽象的数据转变为一种实际的可货币化的资产形式，促进了企业价值的最大化，实现了权利保护和经济效益的双重收获。数字资产保险创新中心的成立是三方合作的成果，由中国人民财产保险股份有限公司西安分公司、西安市碑林环大学创新产业带管理委员会与因问科技有限公司联手打造。该中心的成立旨在以"数字化确权"为核心，引导企业对其拥有的商业秘密和个人信息等无形资产进行认知和管理。此外，数字技术与保险技术的深度融合，进一步增强了保险公司对于企业无形资产风险的管理能力。

案例 1-2：首单数据资产质押贷款落地石家庄

2024 年 4 月初，石家庄数据资产运营管理有限责任公司联合北京银行石家庄分行达成了河北首个数据资产质押贷款交易。北京银行石家庄分行计划对石家庄科林电气股份有限公司授予总额一亿元的信用额度，其中包括 1 000 万元的数据资产质押信贷额。这笔资金预计将被投入于科林电气的技术升级与市场拓展，以增强其核心竞争力和推动高质量发展。

这次数据资产质押贷款的成功实施，不只为科林电气提供了实际的财政援助，更为河北省内其他企业在数据资产货币化上开辟了新途径。这一成就标志着河北省在数据资产金融化方面取得了首次突破，成功构建了数据要素从资产转化为资本的可信赖渠道。

第三节　数据资产化的挑战与未来展望

一、数据资产化过程中可能遇到的挑战

随着数据资产化的推进，企业在社会发展中扮演着越来越重要的角色，同

时也面临着诸多挑战。这些挑战不仅局限于技术领域，更广泛地触及到了法律法规、道德规范及企业管理等方面。

在我国特定的社会经济发展背景下，开展数据资产化研究的必要性日益凸显。随着大数据时代的到来，数据已经成为与土地、资本、劳动力同等重要的生产要素之一。然而，相较于其他成熟的生产要素市场，我国的数据要素市场尚处于萌芽状态，其相关的研究和实践都还处于初级阶段。在这样的情况下，如何有效地推进数据资产化进程，成为摆在学术界和企业界面前的一个重要课题。

首先，我们需要认识到，数据资产化并非一个孤立的过程，而是需要紧密结合实际的应用场景来进行研究和实践的。我国拥有世界上最大的制造业基地和相对完善的产业链条，这为我们提供了大量的数据来源和应用场景。例如，在智能制造领域，通过对生产线上的数据进行收集和分析，可以帮助企业优化生产流程，提高产品质量；在金融科技领域，通过分析消费者的消费习惯和行为模式，可以为金融机构提供更加精准的风险控制和营销策略。

其次，我们还需要注意到，不同的行业和业务场景对于数据资产化的需求和实现方式存在差异。这就要求我们在研究中充分考虑这些差异性，制定出符合实际情况的数据资产化策略。例如，在医疗健康领域，由于涉及个人隐私保护等问题，因此在数据资产化的过程中，就需要特别注重信息安全和技术合规性；而在电子商务领域，则可能需要更多地关注于数据的实时性和准确性等。

最后，我们还应认识到，数据资产化不仅是一种技术手段或商业模式，它更是对我国经济结构转型升级的一种重要支撑。通过数据资产化，我们可以更好地发挥数据的价值，促进产业升级和创新驱动发展战略的实施落地。这也将为我国在全球数字经济竞争中占据有利地位奠定坚实基础。

综上所述，结合我国的情境展开数据资产化研究具有重要的现实意义和价值。这不仅有利于推动我国数据要素市场的健康发展，还能为全球范围内的数据资产化实践提供有益借鉴和启示。

1. 技术瓶颈与革新诉求

在数据资产化进程中，技术既是推动力，又是制约因素。面对海量数据的增长，传统数据处理手段已显疲态，无法高效应对。尽管大数据技术的引入部分缓解了这一问题，但对数据进行即时处理与分析依然是一大技术难题。同时，AI及机器学习的分析能力虽备受瞩目，但其算法的不透明性和解释难度仍需改进。

2. 法律规范与合规性

在数据资产化进程中，全球范围内对于数据治理的法律监管日益加强。例如，欧洲联盟实施的《通用数据保护条例》（GDPR）及美国的《加州消费者隐私法案》（CCPA），都对个人信息的处理设定了严格的限制。企业若要成功实现数据资产化，必须严格遵守这些法律规定，以避免因违规操作而遭受严厉的经济处罚。

3. 数据保密与隐私防护

在数据资产化的推进过程中，数据保密和隐私防护也构成了一大核心挑战。随着网络攻击技术的日益精进，数据泄露事件层出不穷。因此，企业需投入巨大资源强化数据保密措施，防范敏感信息的泄露风险。同时，公众对隐私保护的关切也日益加剧。企业在处理个人数据时，必须保证自身隐私政策的公开透明，并获取用户的明确同意，以维护用户的隐私权益。

4. 数据质量管理与挑战

数据的质量直接关系到数据转化为资产的成效。若数据存在错误或缺失，可能会误导决策制定者做出不恰当的策略选择。鉴于此，构建一套严谨的数据质量管控体系对企业来说至关重要，以确保企业所掌握的数据既精确又全面。同时，伴随着数据规模的持续增长，对数据进行妥善的管理变得越发棘手。如何在海量信息中高效地储存、组织以及快速访问所需数据，成为企业在推进数据资产化进程中亟待解决的难题。

总而言之，尽管数据资产化为企业提供了广阔的发展前景，但同时也带来了一系列难题。为了在这条路上行稳致远，企业必须持续创新技术、深化对法律与合规的研究、确保数据安全与隐私的保护，同时提升数据品质与管理效能。

二、数据资产化的发展趋势与前景

从生产要素的发展规律来看，数据资产化不仅是推动数据高效流通的关键路径，也是数据价值转化的重要衍生方向。数据资产化的核心在于将数据资源转化为实际的价值，这一过程具有四个显著特征：

第一，它以数据资源作为逻辑起点，即数据是整个过程的根本；

第二，数字技术是其内在支撑，技术手段是实现数据资产化的关键；

第三，它遵循动态演进的原则，即数据资产化是一个不断发展和变化的过程；

第四，价值创造是其目标导向，即通过数据资产化实现经济和社会价值的提升。

如前所述，数据资产化的实现涉及三个关键环节：数据确权、数据估值和数据流通。数据确权是明确数据所有权的归属，确保数据使用的合法性和安全性；数据估值是对数据资源的价值进行评估，为数据交易和利用提供依据；数据流通则是数据资产化的关键环节，它涉及数据的开放、交易和共享，是实现数据价值的重要途径。

数据资产化在经济和社会两个方面产生驱动效应。

在经济方面，数据资产化主要体现在经营、创新和销售三个关键领域。通过数据资产化，企业可以更有效地管理和利用数据资源，提高经营效率；同时，数据资产化可以促进企业的创新，通过数据分析和挖掘，发现新的商业机会和市场趋势；此外，数据资产化还可以提高企业的销售能力，通过精准营销和个性化服务，提高客户满意度和忠诚度。

在社会方面，数据资产化主要体现在促进数据流通、强化风险管控和平衡利益分配三个关键领域。数据资产化可以打破数据孤岛，促进数据的共享和流通，提高数据资源的利用效率；同时，数据资产化可以强化风险管控，通过数据安全和隐私保护，降低数据泄露和滥用的风险；此外，数据资产化还可以平衡利益分配，通过数据交易和利用，实现数据资源的合理分配和利用，促进社会的公平和正义。

总体来看，数据资产化的发展趋势与前景如下。

1. 数据要素的金融属性已在实践中被初步发掘

随着国家"东数西算"工程的稳步推进，我国的数据中心加速建设，各地的数据交易平台也相继建立，"数商"等数据服务中介机构如雨后春笋般涌现，这标志着数据的商品属性已经得到了广泛的认同。随着数据交易规模的不断扩大和数据资产流动性的增强，数据资产开始呈现出流动性、收益性、风险性和波动性等特性，从而逐渐具备了金融属性。目前，我国的金融机构正在积极探索如何利用数据资产进行"入表＋融资"，通过数据资产信用增强、信贷、担保和质押融资等方式，帮助企业和个人实现数据资产的增值和变现。截至2023年6月底，据公开报道，银行的数字资产融资或贷款总额已经达到了4.7亿元。这些实践证明，除了具有作为商品的交换价值，数据还具有保值增值和资金融通的功能，显示出一定的金融属性。

2. 数据资产化可能走向更丰富的形态

随着数据金融价值的不断挖掘，越来越多的参与者涌入数据投融资与中介服务领域，加速了数据资产的转化过程。从发展脉络分析，首先，信息技术的进步预示着数据的潜在经济利益在未来将被深入开发，从而激发出更为强烈的市场投资欲望；其次，数据现货市场交易遇到了一些挑战，如所有权不明确、风险管理困难等，并且交易所内的交易多限于政府机构以及银行、医院等大型企业间进行，市场上还存在着"有交易而无定价"的现象。鉴于此，在金融市场中，以数据资产为核心的标准化金融产品预计将获得更多的关注，这将促进一系列新型金融工具的出现，如数据银行、数据信托、数据信用评级和数据期货等。

展望未来趋势，金融创新的深化可能会带来两个显著特征：

其一，金融交易的焦点将从数据本体转向其权利归属，涵盖收益权、担保权和分配权等方面，这与房地产行业的金融化模式相似，同时也类同于碳排放权、森林资源权等环境权益产品的金融化路径；

其二，资本市场的波动将对商品市场的运作产生影响，数据的价格将日益受制于市场资金的流向，实体经济中的供求法则影响力相对减弱，从而使数据的金融特性进一步增强。

3. 数据资产化将带来深刻影响

从经济视角审视，多样化的金融手段与频繁的金融活动能够有效弥补数据交易市场中存在的投资途径匮乏、风险规避不充分、价格揭示机制失灵及流动性不足等缺陷，推动数据要素快速流通并实现其价值转换。一旦企业在数据处理与应用过程中的巨额资金投入获得积极的经济回报，这将激发它们更积极地探索和利用隐藏的数据财富，加速构建"数字化生产力"。

在金融领域，机构有机会以数据资产化为焦点扩展服务范围，并为增强对实体经济的支持开辟新渠道。

从政策角度来看，数据资产化的进程降低了传统商品经济中供求关系的影响力，使得数据相关的商业行为日益与信贷规模的扩张或紧缩关联。这既为政策制定创造了新的操作空间——中国人民银行可以通过调节市场价格型和数量型的货币工具来平衡金融市场上的资本力量，从而间接引导数据资产的定价过程，确保数据的处理、转移和应用与宏观经济政策的指导方向保持一致，最大化杠杆效应；同时也要求政策制定者警惕防范资本操纵和市场过热的风险，密切关注数据市场的波动性和易损性，避免可能对实体经济产生的消极后果以及对政策执行带来的干扰。

第二章

数据交易市场：规范化的新大陆

数据不再仅仅是信息的载体，而是具有巨大价值的商品。在数字经济的浪潮下，数据交易市场如一块充满机遇的新大陆。在政策引领下，有关部门制定明确的交易规则和严格的监管措施，为数据交易者提供公平、安全的交易环境，有效保障数据的来源和质量，对于做强、做优、做大数字经济至关重要。规范化数据交易市场将开启数字经济的新篇章。

第一节　政策之帆，引领数据交易市场的航程

在当今数字化时代的浩瀚海洋中，数据交易市场犹如一艘充满潜力的巨轮，而政策如强劲的风帆，引领它驶向广阔的未来。

首先，政策为数据交易市场提供了明确的方向指引。一系列关于数据交易的政策法规陆续出台，清晰地界定了数据的产权归属、交易范围和规范流程。这使得数据交易不再是无序的探索，而是在既定的轨道上稳步前行。有了政策的引领，市场参与者能够明确自己的权利和义务，专注地投入到数据交易中。

其次，政策为数据交易市场带来了稳定的动力。政策通过鼓励创新和加大对数据产业的扶持力度，激发了市场的活力和创造力。企业和创业者们在政策

的支持下，积极探索新的数据交易模式和技术应用，推动数据交易市场不断发展壮大。同时，政策还加强了对数据安全和隐私保护的监管，为数据交易市场营造了安全可靠的环境，让参与者无后顾之忧。

总之，在政策引领下，数据交易市场规范化运行，为经济社会的发展注入了新的动力。不同行业、不同领域的数据在这里汇聚、融合，并产生巨大的协同效应。企业通过数据交易获取关键信息，优化决策，提升竞争力。同时，科研机构利用丰富的数据资源开展深入研究，推动科技创新。

一、《企业数据资源相关会计处理暂行规定》的作用

在当今数字化高速发展的时代，数据已成为企业至关重要的资产。2023年财政部出台的《企业数据资源相关会计处理暂行规定》(以下简称《暂行规定》)，犹如一座明亮的灯塔，为企业在数据资源的管理、核算和价值评估等方面指引了方向，具有重大而深远的意义。

1. 照亮数据资源的价值认知之路

长期以来，企业对数据资源的价值认识存在一定的模糊性。对于数据的重要性，由于在会计处理上缺乏统一的标准和规范，导致企业难以准确地衡量其价值。《暂行规定》的出台明确了数据资源在会计报表中的地位，使企业深刻认识到数据不再仅仅是一种无形的信息资产，而是具有可衡量价值的重要经济资源。

通过对数据资源进行合理的会计处理，企业能够更加清晰地了解自身的数据资产规模和价值变动情况，为战略决策提供更加准确的依据。例如，一家电商企业通过对用户购买行为数据的分析，能够精准地进行商品推荐和营销策略调整，从而提高销售额和客户满意度。在《暂行规定》的指引下，企业可以将这些数据资源进行合理的估值，并在会计报表中体现其价值。这不仅让企业管理层更加重视数据资源的管理和利用，也为投资者和其他利益相关者提供了更

加全面、准确的企业价值信息。

2. 引领会计处理的规范与创新

传统的会计处理方法主要针对有形资产和金融资产，对于数据资源这种新型资产的处理存在一定的局限性。《暂行规定》的出台为企业数据资源的会计处理提供了明确的规范和指导。

在确认方面，《暂行规定》明确了数据资源满足资产定义和确认条件的标准。企业在判断数据资源是否应确认为资产时有了具体的依据，避免了主观随意性。例如，企业拥有的客户数据，如果能够为企业带来未来经济利益流入，并且企业能够对其进行有效控制，就可以按照规定确认为数据资产。

在计量方面，《暂行规定》提供了多种计量方法，包括成本法、市场法和收益法等。企业可以根据数据资源的特点和实际情况，选择合适的计量方法，从而更加准确地反映数据资产的价值。同时，《暂行规定》还对数据资源的后续计量、减值测试等方面做出了详细规定，确保数据资产的价值在会计报表中得到真实、可靠的反映。

在披露方面，《暂行规定》要求企业在会计报表附注中披露与数据资源相关的重要信息，包括数据资源的种类、规模、价值变动情况、会计处理方法等。这提高了企业财务信息的透明度，为投资者和其他利益相关者提供了更多的有用决策信息。

此外，《暂行规定》的出台也推动了会计行业的创新发展。会计从业人员需要不断学习和掌握新的会计处理方法和技术，提高自身的专业素养和能力。同时，会计软件和信息系统也需要进行相应的升级和改进，以适应数据资源会计处理的要求。

3. 助力企业战略决策与可持续发展

《暂行规定》为企业的战略决策提供了有力支持，企业通过对数据资源的会计处理，能够更加全面地了解自身的资产状况和经营成果，从而制定更加科学、合理的发展战略。一方面，企业可以根据数据资源的价值评估结果，加大对数据资源的投入和管理力度，提高数据资源的质量和利用效率。例如，企业可以投入更多的资金和人力进行数据采集、存储、分析和应用，建立完善的数据管理体系，确保数据资源的安全性和可靠性。另一方面，企业可以利用数据资源开展创新业务和商业模式，拓展市场空间，提高企业的核心竞争力。例如，有些企业通过对大数据的分析和挖掘，开发出个性化的产品和服务，满足客户的多样化需求；还有一些企业利用数据资源开展平台经济和共享经济，实现资源的优化配置和价值最大化。

同时，《暂行规定》也有助于企业实现可持续发展。在当今社会，可持续发展已成为企业的重要责任和使命。数据资源作为一种绿色、低碳的资产，具有可持续利用的特点。企业通过对数据资源的合理开发和利用，可以减少对自然资源的依赖，降低环境污染和能源消耗，实现经济、社会和环境的协调发展。

4. 推动行业发展与国际接轨

《暂行规定》的出台不仅对单个企业具有重要意义，也对整个行业的发展产生了积极影响。它为行业内的数据资源管理和会计处理提供了统一的标准和规范，促进了行业的健康、有序发展。在同一行业内，企业可以通过比较数据资源的会计处理结果，了解自身在行业中的地位和竞争力，从而寻找差距，改进管理。同时，行业协会和监管机构也可以依据《暂行规定》，加强对企业数据资源管理和会计处理的监督与指导，提高行业的整体管理水平。

此外，《暂行规定》的出台也有助于我国企业与国际接轨。随着全球经济一体化的加速，国际会计准则对于数据资源的会计处理也在不断探索和完善。《暂行规定》的出台为我国企业在国际市场上的竞争提供了有力支持，有助于企业更好地适应国际会计准则的要求，从而提升其在国际市场上的影响力和竞争力。

总之，《暂行规定》的出台，如同一座明亮的灯塔，照亮了企业在数据资源管理和会计处理方面的前行之路。它不仅提高了企业对数据资源价值的认识，规范了数据资源的会计处理方法，为企业的战略决策和可持续发展提供了有力支持，也推动了整个行业的发展和与国际接轨。随着《暂行规定》的不断完善和实施，企业数据资源将释放出更大潜力，为我国经济的高质量发展注入新动力。

二、规范化：数据交易市场的基石

数据交易市场作为数据流通和价值实现的重要平台，其发展对于推动数字经济的繁荣至关重要。而规范化则是数据交易市场的基石，它能够确保市场的稳定、公平、高效运行，实现数据资源的合理配置和价值最大化。

1.数据交易市场的兴起与重要性

随着信息技术的飞速发展，数据的产生和积累呈爆炸式增长。企业、政府机构、科研单位等各类主体拥有大量的数据资源，这些数据蕴含着巨大的价值。通过数据交易市场，数据可以在不同主体之间进行流通和交易，实现数据资源的共享和价值创造。

数据交易市场的兴起具有重要的意义。首先，它促进了数据资源的优化配置。不同主体拥有的数据具有不同的特点和价值，通过交易市场，可以将数据流转到最能发挥其价值的主体手中，从而提高数据的利用效率。其次，数据交易市场推动了数字经济的发展。数据作为数字经济的核心要素，其交易和流通可以激发创新活力，促进新兴产业的发展，为经济增长注入新的动力。此外，数据交易市场还有助于提升社会治理水平。政府可以通过购买数据服务，获取更多的信息和决策支持，提高公共服务的质量和效率。

2. 规范化对数据交易市场的重要性

（1）确保市场的稳定运行

规范化是数据交易市场稳定运行的基础。数据交易涉及众多主体的利益，包括数据提供方、数据需求方、交易平台等。如果没有规范的交易规则和流程，市场很容易出现混乱和不稳定的情况。例如，数据提供方可能会夸大数据的价值，误导数据需求方；数据需求方可能会恶意压低价格，损害数据提供方的利益；交易平台可能会存在安全漏洞，导致数据泄露等问题。通过制定规范的交易规则和流程，能够明确各方的权利和义务，规范交易行为，从而确保市场的稳定运行。

（2）保障交易的公平公正

公平公正是市场交易的基本原则，也是数据交易市场必须遵循的准则。规范化可以保障数据交易的公平公正，防止不正当竞争和垄断行为的发生。例如，通过制定统一的数据定价标准，可以避免数据提供方随意定价，保证数据价格的合理性；通过建立公平的交易机制，可以确保数据需求方有平等的机会获取数据资源，防止少数主体垄断数据市场。此外，规范化还可以加强对市场交易行为的监管，打击违法违规行为，维护市场的良好秩序。

（3）提高交易的效率和质量

规范化可以提高数据交易的效率和质量。一方面，规范的交易流程和标准可以减少交易中的沟通成本和时间成本，提高交易的效率。例如，统一的数据格式和接口标准可以方便数据的传输和处理，减少数据转换的工作量；规范的交易合同和协议可以明确交易双方的权利和义务，避免纠纷的发生。另一方面，规范化可以提高数据的质量和可信度。通过建立数据质量评估标准和认证机制，能够确保交易的数据符合一定的质量要求，进而提高数据的可用性和价值。

（4）保护数据的安全和隐私

数据安全和隐私保护是数据交易市场面临的重要挑战。规范化可以加强对数据安全和隐私的保护，降低数据泄露和滥用的风险。例如，通过制定严格的数据安全管理规范，可以要求交易平台和交易双方采取必要的安全措施，保障数据的存储、传输和使用安全；通过建立数据隐私保护制度，可以明确数据的使用范围和目的，防止数据被非法获取和使用。此外，规范化还可以加强对数据安全和隐私保护的监管，对违法违规行为进行严厉打击。

3. 数据交易市场规范化的现状与挑战

（1）数据交易市场规范化的现状

目前，我国数据交易市场的规范化建设已经取得了一定的进展。国家出台了一系列政策法规，加强对数据交易市场的监管和引导。例如，《中华人民共和国网络安全法》（以下简称《网络安全法》）、《中华人民共和国数据安全法》（以下简称《数据安全法》）和《中华人民共和国个人信息保护法》（以下简称《个人信息保护法》）等法律法规，为数据交易市场的规范化发展提供了法律保障。同时，各地也纷纷建立了数据交易平台，制定了相应的交易规则和标准，以推动数据交易市场的健康发展。

（2）数据交易市场规范化的挑战

尽管我国数据交易市场的规范化建设取得了一定的成绩，但仍然面临着一些挑战。

首先，法律法规还不够完善。目前，我国的数据交易法律法规还处于不断完善的过程中，一些关键问题尚未有明确的法律规定，如数据产权的界定、数据交易的税收政策等。

其次，标准体系还不健全。数据交易涉及多个领域和环节，需要建立统一的标准体系来规范交易行为。目前，我国的数据交易标准体系还处于起步阶段，缺乏统一的数据格式、接口标准、质量评估标准等。

再次，监管机制还不够健全。数据交易市场的监管涉及多个部门，存在监管职责不清、监管手段不足等问题，容易出现监管漏洞。

最后，市场主体的规范化意识还不够强。一些数据交易主体对规范化的重要性认识不足，存在违规交易、数据泄露等问题，影响了市场的健康发展。

4. 加强数据交易市场规范化的措施

（1）完善法律法规

完善的数据交易法律法规是数据交易市场规范化的重要保障。政府部门应加快制定和完善数据交易相关的法律法规，明确数据产权的界定、数据交易的范围和方式、数据安全和隐私保护等关键问题，为数据交易市场的发展提供明确的法律依据。同时，相关部门应加强对法律法规的宣传和培训，提高市场主体的法律意识，确保法律法规的有效实施。

（2）健全标准体系

健全的数据交易标准体系是数据交易市场规范化的重要基础。政府应组织相关部门和机构，制定统一的数据交易标准体系，包括数据格式、接口标准、质量评估标准、定价标准等。同时，相关部门要加强对标准体系的推广和应用，引导市场主体按照标准进行交易，提高数据交易的效率和质量。

（3）加强监管力度

加强对数据交易市场的监管力度是数据交易市场规范化的重要手段。政府部门应建立健全数据交易市场的监管机制，明确监管部门的职责和权限，加强对交易平台、交易双方的监管，严厉打击违法违规行为。同时，要加强对数据安全和隐私保护的监管，确保数据的存储、传输和使用安全。此外，要建立健全数据交易市场的信用体系，对市场主体的信用情况进行评价和公示，提高市场主体的信用意识。

（4）提高市场主体的规范化意识

提高市场主体的规范化意识是数据交易市场规范化的重要前提。政府部门应加强对数据交易市场主体的培训和教育，提高其对规范化的重要性认识，增强其法律意识、安全意识和信用意识。同时，要引导市场主体加强自身建设，建立健全内部管理制度，规范交易行为，提高数据质量和服务水平。

随着技术的不断进步和市场的逐步成熟，数据交易市场的规范化建设将不断完善。这将为数据交易市场带来更加广阔的发展前景，进而为经济社会发展注入新活力。

第二节　市场建设的探索与实践

在数字经济蓬勃发展的当下，数据交易市场建设成为关键议题。探索数据交易场所的标准化建设，明确监管体系如何保障数据交易的合规性和安全性，是数据交易市场建设面临的两大任务。

一、数据交易场所的标准化建设

数据交易场所作为数据要素市场的重要组成部分，为数据的流通和交易提供了平台，对于促进数据资源的开发利用、激发数据创新活力具有不可替代的作用。然而，目前数据交易场所的建设仍处于初级阶段，存在着标准不统一、交易规则不完善、数据安全风险高等问题。因此，加强数据交易场所的标准化建设，成为当前亟待解决的重要任务。

1. 数据交易场所标准化建设的必要性

（1）规范数据交易行为

数据交易涉及多方主体，包括数据提供方、数据需求方、数据交易平台等。

由于缺乏统一的标准和规范，交易过程中容易出现数据质量参差不齐、价格不透明、交易流程不规范等问题，影响交易的公平性和效率。加强标准化建设，有助于交易各方明确数据交易的基本流程、数据质量要求、价格形成机制等，规范交易行为，提高交易的透明度和可信度。

（2）保障数据安全

数据作为一种重要的资产，其安全问题备受关注。在数据交易过程中，如果没有严格的安全标准和保障措施，可能会导致数据泄露、滥用等风险，给企业和个人带来严重的损失。标准化建设可以建立健全数据安全管理制度，加强对数据交易平台的安全监管，提高数据的安全性和保密性，保护数据所有者的合法权益。

（3）促进数据资源的高效配置

标准化建设可以打破数据交易的壁垒，实现不同数据交易场所之间的数据互联互通和共享，提高数据资源的流动性和可及性。同时，通过统一的数据标准和规范，可以提高数据的质量和可用性，为数据需求方提供更加精准、高效的数据服务，促进数据资源的优化配置和价值最大化。

2. 数据交易场所标准化建设的现状与挑战

（1）数据交易场所标准化建设的现状

政策支持力度不断加大。 近年来，国家高度重视数据要素市场的发展，出台了一系列政策文件，鼓励和支持数据交易场所的建设和发展。例如，《中共中央 国务院关于构建更加完善的要素市场化配置体制机制的意见》明确提出要加快培育数据要素市场，推进政府数据开放共享，提升社会数据资源价值，加强数据资源整合和安全保护。

地方积极探索实践。 各地纷纷结合自身实际，积极探索数据交易场所的建设模式和运营机制。目前，全国已成立了多家数据交易场所，如上海数据交易中心、贵阳大数据交易所等。这些交易场所在数据交易规则、技术标准、安全保障等方面进行了积极探索和实践，为数据交易场所的标准化建设积累了一定的经验。

标准化工作逐步启动。随着数据交易场所的不断发展，标准化工作也逐渐受到重视。一些标准化机构和行业组织制定了数据交易相关的标准和规范，《信息技术 数据交易服务平台 通用功能要求》（GB/T 37728—2019）等国家标准的出台，为数据交易场所的建设和发展提供了技术支撑。

（2）数据交易场所标准化建设的挑战

标准体系不完善。目前，数据交易场所的标准化体系还不够完善，缺乏统一的数据标准、交易规则、安全规范等。不同交易场所之间的标准差异较大，导致数据的互联互通和共享存在困难，影响了数据资源的高效配置。

技术创新带来的挑战。随着大数据、人工智能、区块链等新技术的不断发展，数据交易的模式和技术手段也在不断创新。这给标准化建设带来了新的挑战，相关部门需要及时跟进技术发展的步伐，制定适应新技术应用的标准和规范。

数据安全风险依然严峻。数据交易涉及大量敏感信息，数据安全风险始终是制约数据交易场所发展的重要因素。目前，数据安全技术和管理水平还不能完全满足数据交易的需求，出现了数据泄露、滥用等安全事件，给数据交易场所的标准化建设带来了诸多挑战。

国际竞争日益激烈。在全球范围内，数据交易场所的建设和发展呈现出激烈的竞争态势。一些发达国家和地区已经在数据交易标准化方面取得了领先优势，我国企业在国际数据交易市场中的竞争力还需进一步提升。

3. 数据交易场所标准化建设的路径与策略

（1）建立健全标准化体系

制定数据标准。制定统一的数据标准是数据交易场所标准化建设的基础。

数据标准主要包括数据分类与编码、数据质量、数据格式等方面的内容，以确保数据的一致性、准确性和可用性。同时，相关部门和行业组织应积极推动数据标准的国际化，助力我国企业在国际数据交易市场中提升竞争力。

完善交易规则。交易规则是数据交易场所的核心制度。相关部门和行业组织应明确数据交易的主体资格、交易方式、价格形成机制、结算方式等，规范交易行为，保障交易的公平、公正、公开；同时，应建立健全交易纠纷解决机制，及时处理交易过程中出现的纠纷。

加强安全规范。安全规范是保障数据交易安全的重要举措。相关部门和行业组织应制定严格的数据安全管理制度，包括数据加密、访问控制、备份恢复等方面的内容，确保数据的安全性和保密性；同时，应加强对数据交易平台的安全监管，建立安全评估和审计机制，及时发现和消除安全隐患。

（2）推动技术创新与应用

应用新技术提升交易效率。积极应用大数据、人工智能、区块链等新技术，有助于提升企业数据交易的效率和安全性。例如，利用大数据技术对数据进行分析和挖掘，提高数据的质量和价值；利用人工智能技术实现数据的自动化交易和智能定价；利用区块链技术确保数据的真实性和不可篡改。

加强技术标准研究。相关部门和行业组织应密切关注新技术的发展趋势，及时开展技术标准研究；同时，制定适应新技术应用的数据交易技术标准，包括数据接口标准、数据传输标准、数据存储标准等，确保新技术在数据交易中的安全与可靠应用。

建立技术创新激励机制。相关部门和行业组织应鼓励数据交易场所与相关企业加大技术创新投入，建立技术创新激励机制，对在数据交易技术创新方面取得突出成绩的企业和个人给予表彰与奖励，激发技术创新的积极性和创造性。

（3）强化数据安全保障

建立数据安全管理体系。相关部门和企业应建立健全数据安全管理体系，明确数据安全责任主体，加强数据安全管理；同时，制定数据安全管理制度和操作规程，加强对数据的采集、存储、传输、处理、使用等环节的安全管理，确保数据安全可控。

加强数据安全技术防护。相关部门和企业应加大数据安全技术研发投入，加强数据安全技术防护；采用数据加密、访问控制、数据脱敏等技术手段，保障数据的安全性和保密性；同时，加强对数据安全技术的研究和应用，不断提高数据安全防护水平。

开展数据安全培训与教育。相关部门和行业组织应加强数据安全培训与教育，提高数据交易各方主体的安全意识和安全技能；定期组织数据安全培训和演练，提高交易各方应对数据安全事件的能力；同时，加强对数据安全法律法规的宣传和普及，增强数据交易各方主体的法律意识。

（4）加强国际合作与交流

参与国际标准制定。相关部门和行业组织应积极参与国际数据交易标准制定，加强与国际标准化组织、其他国家和地区的标准化机构的合作与交流；在国际标准制定中充分反映我国企业和行业的利益与需求，提高我国在国际数据交易标准化领域的影响力。

学习借鉴国际先进经验。相关部门和行业组织应学习借鉴国际先进的数据交易场所建设与管理经验，引进先进的技术和管理模式；加强与国际知名数据交易场所的合作与交流，开展数据交易合作项目，提升我国数据交易场所的国际化水平。

推动数据跨境流动合作。在保障数据安全的前提下，相关部门和行业组织应积极推动数据跨境流动合作；加强与其他国家和地区的数据跨境流动政策协调，建立数据跨境流动安全评估机制，促进数据的合法、有序跨境流动，为我国数字经济的发展提供有力支撑。

数据交易作为数字经济发展的重要驱动力，其合规性和安全性至关重要。构建完善的监管体系，是保障数据交易合规性和安全性的关键举措。

1.监管体系对保障数据交易合规性和安全性的重要意义

（1）规范数据交易行为

监管体系通过制定明确的法律法规、政策标准和行业规范，为数据交易行为提供了具体的指导和约束。这有助于确保数据交易各方在合法合规的框架内进行交易，避免出现非法交易、欺诈行为和不正当竞争等问题，维护数据交易市场的正常秩序。

（2）保护数据主体权益

数据交易涉及数据主体的个人信息和商业秘密等敏感内容。监管体系通过加强对数据交易的监管，可以有效保护数据主体的隐私权、知情权和选择权等合法权益，防止数据被非法收集、使用和泄露，提高数据主体对数据交易的信任度。

（3）维护国家安全和社会稳定

数据作为一种重要的战略资源，其安全问题关系到国家安全和社会稳定。监管体系应加强对涉及国家安全和重要领域数据交易的监管，防范数据被恶意窃取、篡改和破坏，确保国家关键信息基础设施和重要数据的安全，维护国家的安全和利益。

2.当前数据交易监管面临的挑战

（1）缺乏明确的法规规定

目前，对于数据产权的界定、数据交易的合法性认定、数据跨境流动的监管等问题，还缺乏明确的法律规定。这使得监管部门在执法过程中面临着法律依据不足的困境，难以有效地对数据交易进行监管。

（2）监管机制不健全

数据交易具有跨地域、跨行业、跨领域的特点，涉及多个监管部门。目前，我国的数据交易监管机制还不够健全，存在着监管职责不清、协调配合不畅等问题。这容易导致监管漏洞和重复监管，影响监管效率和效果。

（3）技术手段有待提升

随着大数据、人工智能、区块链等新技术的不断发展，数据交易的模式和技术手段也在不断创新。然而，监管部门的技术手段在应对新型数据交易模式时还存在一定的局限性。例如，对于基于区块链技术的数据交易，监管部门缺乏相应的监管技术和工具，难以实现对交易过程的实时监测和追溯。

（4）国际合作有待加强

在全球化背景下，数据跨境流动日益频繁，数据交易的国际化程度也越来越高。目前，我国在数据交易监管方面的国际合作尚处于发展阶段，与其他国家和地区的数据交易监管协调机制还不够完善。这在一定程度上增加了我国应对跨境数据交易风险的难度。

3. 构建完善的监管体系保障数据交易合规性和安全性的策略

（1）完善法律法规体系

加快数据交易立法进程。政府部门应加快制定专门的数据交易法律法规，明确数据交易的法律地位、交易主体的权利义务、交易规则和监管机制等，为数据交易提供明确的法律依据；同时，及时修订和完善现有的相关法律法规，如《网络安全法》《数据安全法》《个人信息保护法》等，使其更好地适应数据交易发展的需要。

明确数据产权界定。数据产权的界定是数据交易的基础。国家应尽快明确数据的所有权、使用权、收益权等产权归属，建立健全数据产权登记制度和交易制度，为数据交易提供清晰的产权保障。

加强数据跨境流动监管。随着数据跨境流动的日益频繁，加强数据跨境流动监管成为当务之急。国家应制定严格的数据跨境流动监管政策，明确数据跨境流动的条件、程序和安全要求，加强对跨境数据交易的审批和监管，防范数据被恶意窃取和泄露。

（2）健全监管机制

明确监管职责。国家应明确各监管部门在数据交易监管中的职责分工，建立健全协调配合机制，避免出现监管漏洞和重复监管。例如，网信部门负责统筹协调数据交易监管工作，工信部门负责数据交易平台的建设和管理，公安部门负责打击数据交易中的违法犯罪行为等。

建立多元监管模式。数据交易监管应建立政府监管、行业自律、社会监督相结合的多元监管模式。政府监管部门应加强对数据交易的日常监管和执法力度，行业协会应制定行业规范和自律公约，引导企业规范数据交易行为，社会公众应积极参与数据交易监管，发挥舆论监督作用。

加强跨区域监管合作。数据交易具有跨地域的特点，加强跨区域监管合作至关重要。国家应建立跨区域的数据交易监管协调机制，加强不同地区监管部门之间的信息共享和执法协作，共同打击跨区域的数据交易违法犯罪行为。

（3）提升监管技术水平

应用先进技术手段。监管部门应积极应用大数据、人工智能、区块链等先进技术手段，提升对数据交易的监管效率和效果。例如，利用大数据技术对数据交易进行实时监测和分析，及时发现和处理违法违规行为；利用人工智能技术对数据交易进行风险评估和预警，提高监管的前瞻性和针对性；利用区块链技术实现数据交易的可追溯和不可篡改，增强数据交易的安全性和可信度。

建立监管技术平台。国家应建立统一的数据交易监管技术平台，整合各监管部门的监管资源和技术手段，实现对数据交易的全流程、全方位监管。监管技术平台应具备数据采集、分析、预警、处置等功能，为监管部门提供有力的技术支撑。

4. 加强国际合作与交流

参与国际规则制定。我国应积极参与国际数据交易规则制定，争取在国际数据交易监管中发挥更大的作用；同时，加强与其他国家和地区的沟通与合作，共同推动建立公平、合理、透明的国际数据交易规则体系，维护我国的数据安全和利益。

加强跨境监管合作。我国应加强与其他国家和地区的数据交易监管合作，建立跨境数据交易监管协调机制，共同打击跨境数据交易违法犯罪行为；同时，加强与国际组织的合作，积极参与国际数据安全合作项目，提升我国在国际数据安全领域的影响力。

第三节　数据交易市场的现状与未来趋势

当前，数据交易市场呈现出复杂而充满活力的态势。政府积极推动数据要素市场培育，为数据交易市场创造了良好的发展环境；各地数据交易场所纷纷涌现，如上海数据交易中心、贵阳大数据交易所等，在探索交易模式和规则方面积累了一定经验；数据交易的参与主体日益多元化，包括企业、科研机构、政府部门等。

未来，数据交易市场将更加规范和成熟。随着法律法规的不断完善，数据交易的合规性将得到更好保障；技术创新将持续推动市场发展；行业标准将逐步统一，促进数据的互联互通和共享；国际合作也将不断加强，推动数据跨境流动和全球数据交易市场的发展。数据交易市场前景广阔，在政策、技术和市场需求的共同推动下，将不断迈向新的高度，为数字经济的发展注入强大动力。

一、当前数据交易市场的发展状况

1. 政策环境持续优化

国家高度重视数据交易市场的发展，出台了一系列政策文件来推动数据要素的市场化配置。党的十九届四中全会首次将数据列为新的生产要素，党的十九届五中全会进一步要求建立健全数据要素基础性制度。2020 年 3 月，中共中央、国务院印发的《中共中央 国务院关于构建更加完善的要素市场化配置体制机制的意见》提出加快培育数据要素市场，包括推进政府数据开放共享、提升社会数据资源价值、加强数据资源整合和安全保护。2022 年 12 月，中共中央、国务院印发《中共中央 国务院关于构建数据基础制度更好发挥数据要素作用的意见》(简称"数据二十条")，为数据交易市场的发展提供了坚实的政策基础。在这些政策的引导下，各省市也积极开展数据流通交易市场建设的探索，纷纷出台相关政策和措施，为数据交易市场的发展营造了良好的政策环境。

2. 市场规模不断扩大

近年来，我国数据交易市场规模呈现出快速增长的趋势。《2024 年中国数据交易市场研究分析报告》显示，2023 年中国数据交易行业市场规模已达到 1 536.9 亿元。随着数字经济的不断发展以及数据应用场景的不断拓展，数据交易市场的规模有望继续保持快速增长。预计到 2030 年，我国数据交易市场规模有望突破 5 000 亿元。

（1）行业占比数据

在 2023 年中国数据交易市场中，金融行业占据核心地位，2023 年市场规模达到 535.6 亿元，预计到 2030 年将增长至 2 440.2 亿元；其次是互联网行业，

2023 年市场规模为 368.8 亿元，预计到 2030 年将达到 1431.8 亿元；制造工业的市场规模预计将从 2023 年的 117.3 亿元增长至 2030 年的 724.2 亿元；通信行业的市场规模预计将从 2023 年的 138.9 亿元增长至 2030 年的 656 亿元；政务与公共服务领域的数据交易市场虽然起点较低，但增长速度显示出巨大的市场潜力。

（2）地区分布数据

从我国各地区数据交易市场规模来看，占比较大的是华北地区，其次是华东、华南和西南地区。北京为华北地区数据交易市场提供了强大的政策支持和资源配置能力。2023 年，北京数字经济实现增加值 18 766.7 亿元，占地区生产总值比重达到 42.9%。华东地区算力基础建设领先，金融科技产业和互联网产业集聚效应明显，2023 年该地区数据交易行业市场规模达 501 亿元，预计到 2030 年将增长至 2 472.6 亿元。华南地区以深圳、广州为代表的城市在数据交易市场建设中表现突出。西南地区以贵州、重庆、成都为代表，凭借早期布局和大数据产业基础，在数据交易市场中也占据一席之地。

（3）数据交易机构数据

截至 2025 年 1 月，全国已有 29 个省（区、市）开展了数据交易机构组建工作，国内主要数据交易场所达到 72 个。

（4）交易场所的交易数据

截至 2025 年 1 月，39 家主要数据交易场所上架数据产品达到 38 925 个，92% 的产品标注了应用场景标签，近九成产品有产品服务形态标签，这表明数据产品的标准化和规范化程度正在提升。

（5）数商企业数量增长数据

截至 2025 年 1 月，全国主要数据交易场所入驻数商达到 2 986 家，覆盖 173 个城市。

3. 交易场所建设蓬勃发展

截至 2024 年 5 月，全国已成立超过 40 家数据交易机构（含注销），涵盖 25 个省份。这些数据交易场所通过提供数据产品交易、数据服务、数据资产管理等多元化服务，促进了数据资源的流通和利用。从地域分布来看，2023 年华北地区在数据交易市场中占据最大市场份额，达到 36.4%；华东和华南地区分别占比 32.6% 和 12.5%；而西南和华中地区的市场份额相对较小，分别为 10.1% 和 7.2%。

（1）贵阳大数据交易所

贵阳大数据交易所作为全国首个大数据综合试验区的重要组成部分，自 2015 年成立以来，始终走在数据交易领域的前列。通过优化重组和创新组织架构体系，贵阳大数据交易所构建了完善的数据交易规则体系，并上线了全国首个数据产品交易价格计算器，为数据交易提供了强有力的支撑。截至 2025 年 1 月，贵阳大数据交易所等 26 家数据交易机构设立了需求大厅，场内数据需求达到 2 495 个，其中西部数据交易中心发布需求 2 224 个，占场内需求的 89%。

（2）上海数据交易所

上海数据交易所在全国率先成立，自 2021 年揭牌以来，其在构建交易服务体系、加快优质数据产品供给方面取得了显著成效。该交易所搭建了"办法—规范—指引"三个层级的交易制度结构，归集为"主体管理—交易管理—运营管理—纠纷解决"四大模块，回应了数据交易的市场发展及管理需求。截至 2024 年 10 月，上海数据交易所上架数据产品超过 4 500 个，在全国五大数据交易所（北京国际大数据交易所、上海数据交易所、广州数据交易所、深圳数据交易所、贵阳大数据交易所）中居首位。

（3）北京国际大数据交易所

北京国际大数据交易所基于"数据可用不可见，用途可控可计量"的新型交易范式，为数据交易提供了更为安全和高效的解决方案。2024 年 AI 数据交易占比仅 10%，但 2025 年预计可达到 80%。

（4）深圳数据交易所

深圳数据交易所的交易规模增长迅速，截至 2025 年 4 月底，累计上市交易标的数值达到 3 218 个，覆盖智慧城市、精准营销、云服务、企业信贷等行业领域。其通过不断优化交易服务、提升交易效率、拓展交易品种等方式，吸引了大量市场主体的参与，推动了数据交易市场的繁荣发展。

4. 交易模式日益多样化

当前，数据交易模式日益多样化。除了传统的直接交易数据模式外，还涌现出多种新型交易模式。例如，数据交易所模式在政府的监管下，为数据供求关系提供了集中撮合的平台。资源互换模式在一些移动应用场景中得到了应用，App 服务商通过提供免费的 App 应用服务，换取用户对个人数据的使用权。会员账户服务模式、数据云服务交易模式、API（应用程序编程接口）访问模式等也逐渐成为数据交易的重要方式。此外，基于数据保护技术的数据交易模式（如使用密码学和隐私计算技术，实现数据加密，在不影响数据控制权的前提下交易数据使用权），为数据交易的安全性和隐私性提供了保障，也受到了市场的关注。

5. 市场参与主体多元化

数据交易市场的参与主体日益多元化，包括数据供给方、需求方和中间商。数据供给方主要是各类数据生产和加工企业，随着数字化转型的推进，传统产业也逐渐成为重要的数据供给方。数据需求方则涵盖了金融、医疗、交通、能源等多个行业的企业和机构，他们对数据的需求不断增长，推动了数据交易市场的发展。中间商在数据交易市场中扮演着重要的角色，他们能够提供数据服务和数据增值服务，促进数据资源的撮合和交易。此外，政府部门也在数据交易市场中发挥着重要的作用，通过推动数据开放共享、加强监管等方式，促进数据交易市场的健康发展。

二、数据交易市场的发展趋势预测

1. 标准化趋势

数据标准的统一。目前，数据交易市场存在着数据标准不统一的问题，这给数据的流通和交易带来了很大的困难。未来，随着数据交易市场的不断发展，数据标准的统一将成为必然趋势。政府和行业组织将加强对数据标准的制定和推广，建立统一的数据格式、数据质量、数据安全等标准，为数据的流通和交易提供基础保障。

交易流程的规范。数据交易市场的交易流程也存在着不规范的问题，如交易合同不明确、交易价格不透明、交易纠纷处理机制不完善等。未来，随着数据交易市场的不断发展，交易流程的规范将成为必然趋势。政府和行业组织将加强对数据交易流程的监管，建立健全交易合同、交易价格、交易纠纷处理等机制，保障数据交易的公平、公正、公开。

2. 多元化趋势

交易品种的丰富。目前，数据交易市场的交易品种主要以结构化数据为主，如数据库中的表格数据、文本数据等。未来，随着数据技术的不断发展，非结构化数据，如图片、音频、视频等将逐渐成为数据交易市场的重要交易品种。同时，随着人工智能、物联网等技术的发展，实时数据、传感器数据等也将成为数据交易市场的重要交易品种。

交易主体的多元化。目前，数据交易市场的交易主体以企业为主，个人和政府部门的参与度相对较低。未来，随着数据交易市场的不断发展，交易主体的多元化将成为必然趋势。个人将逐渐成为数据交易市场的重要参与者，通过出售自己的个人数据如消费数据、健康数据等实现数据价值的最大化。政府部门也将积极参与到数据交易中来，通过开放政府数据资源，促进数据的流通和利用，推动数字经济的发展。

3. 智能化趋势

数据分析技术的应用。数据分析技术是数据交易市场的核心技术之一，未来数据分析技术将在数据交易市场中得到更加广泛的应用。通过数据分析技术，数据需求方可以更加准确地了解自己的需求，选择合适的数据产品和服务；数据提供方可以更加深入地了解市场需求，优化数据产品和服务的设计和开发。同时，数据分析技术还可以为数据交易平台提供更加精准的推荐服务，提高数据交易的效率和质量。

人工智能技术的应用。人工智能技术是未来数据交易市场的重要发展方向之一。通过人工智能技术，数据交易平台可以实现自动化的交易撮合、价格评估、风险控制等功能，提高数据交易的效率和安全性。同时，人工智能技术可以为数据需求方提供更加智能化的数据服务，如智能推荐、智能预测、智能决策等，帮助数据需求方更好地利用数据资源实现业务创新和发展。

4. 安全化趋势

数据安全技术的不断升级。数据安全是数据交易市场的生命线，未来数据安全技术将不断升级。加密技术、访问控制技术、数据脱敏技术等传统的数据安全技术将不断得到改进和完善，同时，区块链技术、量子加密技术等新兴的数据安全技术也将逐渐应用到数据交易市场中，为数据交易提供更加安全可靠的保障。

数据安全监管的加强。数据安全监管是保障数据交易市场安全的重要手段，未来数据安全监管将不断加强。政府将加强对数据交易市场的监管力度，建立健全数据安全法律法规和监管体系，加强对数据交易平台、数据提供方、数据需求方等的监管，保障数据交易的安全和合法。同时，行业组织也将加强自律管理，制定行业规范和标准，加强对会员单位的监督和管理，共同维护数据交易市场的安全和秩序。

5.国际化趋势

跨境数据交易的增长。 随着全球化的不断推进，跨境数据交易也将成为未来数据交易市场的一个重要发展方向。跨境数据交易可以促进不同国家和地区之间的数据流通和利用，推动全球数字经济的发展。未来，随着数据安全技术的不断升级和数据安全监管的不断加强，跨境数据交易将逐渐走向规范化和合法化，交易规模也将不断扩大。

国际合作的加强。 数据交易市场的国际化发展需要各国之间的密切合作。未来，各国政府和行业组织将加强在数据标准制定、数据安全监管、跨境数据交易等方面的合作，共同推动全球数据交易市场的发展。同时，国际组织如世界贸易组织、世界银行等也将在数据交易市场的国际化发展中发挥重要作用，通过制定国际规则和标准，促进全球数据交易的自由化和便利化。

总体上，数据交易市场未来将呈现出标准化、多元化、智能化、安全化和国际化的发展趋势。为了推动数据交易市场的健康、可持续发展，政府部门和行业组织需要加强政策支持、推动技术创新、加强市场监管，并促进国际合作。

第四节　"数据二十条"，做强、做优、做大数字经济

"数据二十条"从数据产权、流通交易、收益分配、安全治理等方面提出政策举措，为加快构建数据基础制度，激活数据要素潜能，做强、做优、做大数字经济指明了方向。

一、数据基础制度的"四梁八柱"

1. 数据基础制度的"四梁"

（1）数据产权制度

明确数据产权是构建数据基础制度的核心。数据产权的界定涉及数据的归属、使用、收益等多个方面。在数字经济中，数据的产生和流通涉及多个主体，包括个人、企业、政府等。因此，政府和相关部门需要建立一套科学合理的数据产权制度，明确不同主体对数据的权利和义务。

对于个人数据，应赋予个人对其数据的控制权和隐私权。个人有权决定自己的信息数据是否被收集、使用和共享，并有权要求数据使用者对其数据进行保护。同时，个人也可以通过授权等方式将自己的数据用于合法的商业用途，并获得相应的收益。

对于企业数据，应根据数据的产生来源和投入情况，合理确定企业对数据的产权。企业通过自身的经营活动和技术创新产生的数据，应享有相应的所有权和使用权。同时，企业在使用和共享数据时，也应遵守相关的法律法规，保护数据的安全和隐私。

对于政务数据，应依法明确其归国家所有，由政府部门负责管理和使用。政务数据的开放和共享应在保障国家安全和公共利益的前提下进行，合法合规地为社会公众和企业提供更好的公共服务。

（2）数据流通交易制度

数据的价值在于流通和使用。建立健全的数据流通交易制度，是促进数据要素高效流通、激发数字经济活力的关键。

政府和相关部门应采取以下措施加强数据流通交易制度的建设。

首先，要建立统一的数据交易平台。数据交易平台应具备规范的数据交易规则、安全的交易环境，并提供高效的交易服务，为数据供需双方搭建便捷的交易渠道。同时，数据交易平台还应加强对交易数据的质量审核和安全管理，确保交易数据的真实性、准确性和安全性。

其次，要完善数据定价机制。数据的价值具有多样性和不确定性，因此需要建立科学合理的数据定价机制。在定价过程中，相关方应综合考虑数据的质量、规模、时效性、应用场景等因素，采用市场定价、协议定价、拍卖定价等多种方式确定数据的合理价格。

最后，还要加强数据流通的监管。数据流通涉及多个主体和环节，存在一定的风险和挑战。因此，政府和相关部门需要建立健全数据流通监管机制，加强对数据交易平台、数据供需双方的监管，规范数据流通行为，防范数据泄露、滥用等风险。

（3）数据收益分配制度

合理的数据收益分配制度是保障数据要素可持续发展的关键。在数字经济中，数据的产生、流通和使用涉及多个主体，如何合理分配数据收益，是一个亟待解决的问题。

对于个人数据，应建立个人数据收益分享机制。当个人数据被用于商业用途时，个人应获得相应的收益。具体可以通过数据授权、数据分红等方式，让个人分享数据价值。

对于企业数据，应根据数据的贡献程度和投入情况，合理确定企业的数据收益分配比例。企业在数据的收集、整理、分析和应用过程中投入了大量的资源和成本，应获得相应的回报。同时，企业也应承担相应的社会责任，为社会提供更好的数据服务。

对于政务数据，应在保障国家安全和公共利益的前提下，探索政务数据的开放和共享收益分配机制。具体可以通过政府购买服务、数据授权等方式，让企业和社会公众参与政务数据的开发与利用，实现政务数据的价值最大化。

（4）数据安全治理制度

数据安全是数据基础制度的底线。在数字经济时代，数据安全面临着严峻的挑战，如网络攻击、数据泄露、滥用等。因此，建立健全的数据安全治理制度，是保障数据安全、维护国家利益和社会公共利益的重要举措。

政府和相关部门应采取以下措施加强数据安全治理制度的建设。

首先，要加强数据安全法律法规建设。政府和相关部门应制定完善的数据安全法律法规，明确数据安全的责任主体、监管机制和处罚措施，为数据安全治理提供法律依据。

其次，要建立数据安全技术保障体系。政府和相关部门应加大对数据安全技术的研发投入，推广应用先进的数据加密、访问控制、数据备份等技术，提高数据安全防护能力。

最后，要加强数据安全监管。政府和相关部门应建立健全数据安全监管机制，加强对数据全生命周期的监管，及时发现和处理数据安全问题；同时，要加强国际合作，共同应对全球性的数据安全挑战。

2. 数据基础制度的"八柱"

（1）数据标准体系

建立统一的数据标准体系是实现数据互联互通、高效利用的基础。数据标准体系应包括数据分类、编码、格式、质量等方面的标准，为数据的采集、存储、处理、分析和共享提供规范和指导。

（2）数据质量管理体系

数据质量是数据价值的重要保障。政府和相关部门应建立健全数据质量管理体系，加强对数据质量的监测和评估，及时发现和纠正数据质量问题，确保数据的真实性、准确性、完整性和时效性。

（3）数据资产评估体系

数据作为一种新型资产，需要建立科学合理的数据资产评估体系，确定数据的价值和价格。数据资产评估体系应综合考虑数据的质量、规模、时效性、应用场景等因素，采用多种评估方法，为数据交易和投资提供参考。

（4）数据开放共享体系

数据开放共享是促进数据要素流通、激发创新活力的重要途径。政府和相关部门应建立健全数据开放共享体系，明确数据开放的范围、方式和程序，加强对数据开放的监管和评估，推动政务数据、企业数据和社会数据的开放共享。

（5）数据人才培养体系

数据人才是构建数据基础制度的关键。政府部门、企业和相关行业组织应建立健全数据人才培养体系，加强对数据科学、数据分析、数据管理等方面的人才培养，为数字经济发展提供人才支撑。

（6）数据产业生态体系

政府和相关部门应构建良好的数据产业生态体系，促进数据产业的协同发展。数据产业生态体系应包括数据采集、存储、处理、分析、交易等环节的企业和机构，以及相关的技术服务、金融服务、法律服务等配套服务机构。

（7）数据国际合作体系

在全球化的背景下，加强数据国际合作是必然趋势。政府和相关部门应建立健全数据国际合作体系，积极参与国际数据治理，推动数据跨境流动的规则制定和合作机制建设，从而提升我国在全球数据治理中的话语权和影响力。

（8）数据创新应用体系

鼓励数据创新应用，以推动数字经济的高质量发展。政府和相关部门应建立健全数据创新应用体系，加强对数据创新应用的支持和引导，培育数据创新应用的生态环境，推动数据在各个领域的深度应用。

二、数据基础制度的重大意义

"数据二十条"的核心要点是建立四大数据基础制度：一是建立保障权益、合规使用的数据产权制度；二是建立合规高效、场内外结合的数据要素流通和交易制度；三是建立体现效率、促进公平的数据要素收益分配制度；四是建立安全可控、弹性包容的数据要素治理制度。

构建数据基础制度是新时代我国改革开放事业持续向纵深推进的标志性、全局性、战略性举措，有利于充分发挥数据要素作用，赋能实体经济，推动高质量发展；有利于做强、做优、做大数字经济，应对科技革命和产业变革，构筑国际竞争新优势；有利于统筹分配效率与公平，推动全民共享数字经济发展红利，促进实现共同富裕；也有利于提高数据要素治理效能，助力国家治理体系和治理能力现代化。

1. 数据基础制度对经济发展的重要意义

（1）激发数据要素活力，推动数字经济发展

数据作为新型生产要素，具有巨大的经济价值。数据基础制度通过明确数据产权、规范数据流通交易、合理分配数据收益等，为数据要素的市场化配置提供了制度保障。这有助于激发数据要素的活力，促进数据的高效流通和深度开发利用，推动数字经济的蓬勃发展。例如，在电子商务领域，通过对用户行为数据的分析和利用，可以实现精准营销和个性化推荐，提高企业的销售业绩和市场竞争力。在金融领域，大数据分析可以帮助金融机构更好地评估风险、优化信贷决策，提高金融服务的效率和质量。

（2）促进产业转型升级，提升经济发展质量

数据基础制度的建立，有利于推动传统产业与数字技术深度融合，实现产

业转型升级。企业可以利用大数据、人工智能等技术对生产、销售、管理等环节进行优化，提高生产效率、降低成本、提升产品质量。同时，数据基础制度也为新兴数字产业的发展创造了良好的环境，培育了新的经济增长点。例如，大数据产业、人工智能产业、区块链产业等新兴数字产业的快速崛起，为经济发展注入了新的动力。

（3）增强企业核心竞争力，提高国家经济实力

在数据基础制度的保障下，企业能够更加有效地管理和利用数据资源，挖掘数据价值，创新商业模式和服务方式。这有助于企业提升核心竞争力，在市场竞争中占据优势地位。从国家层面来看，拥有健全的数据基础制度可以吸引更多的国内外企业投资和创新，促进数据要素在国内的集聚和流动，提高国家的经济实力和国际竞争力。

2. 数据基础制度对社会进步的重要意义

（1）提升公共服务水平，增进民生福祉

数据基础制度的完善，为政务数据的开放共享和创新应用提供了制度保障。政府部门可以利用大数据等技术手段，提高政务服务的智能化、精准化水平，为民众提供更加便捷、高效、优质的公共服务。例如，通过整合医疗、社保、教育等领域的数据，可以实现跨部门的信息共享和业务协同，方便民众办理各类事务。同时，数据基础制度也有助于推动智慧城市建设，提升城市管理的精细化水平，改善居民的生活质量。

（2）促进社会公平正义，保障公民合法权益

数据基础制度明确了数据的收集、使用、存储等环节的规范和要求，加强了对个人数据的保护。这有助于防止个人数据被滥用和泄露，保障公民的隐私权、知情权等合法权益。同时，数据基础制度也可以促进数据在不同群体、不同地区之间的公平分配和利用，缩小数字鸿沟，促进社会公平正义。例如，在

教育领域，通过数据共享和分析，可以为偏远地区的学生提供更加优质的教育资源，实现教育公平。

（3）推动社会治理创新，提高治理效能

数据基础制度为社会治理提供了新的思路和方法。政府可以通过对大数据的分析和挖掘，及时了解社会动态、民众需求和问题隐患，提高社会治理的前瞻性和精准性。例如，在社会治安管理方面，利用大数据分析可以实现对犯罪行为的预警和防控；在应急管理方面，通过数据共享和协同，可以提高应对突发事件的能力和效率。同时，数据基础制度也促进了社会治理的多元化和民主化，鼓励公众参与社会治理，提高治理效能。

3. 数据基础制度对科技创新的重要意义

（1）加速科技创新进程，推动技术进步

数据是科技创新的重要基础和源泉。数据基础制度的建立，有利于促进数据的开放共享和流通交易，为科研人员提供更多的数据资源和创新机会。科研人员可以利用大数据分析、人工智能等技术手段，加速科技创新进程，推动技术进步。例如，在生命科学领域，通过对大量基因数据的分析，可以加速新药研发和疾病诊断治疗技术的创新；在材料科学领域，利用大数据和人工智能可以优化材料设计和制备工艺，提高材料性能。

（2）培育创新生态系统，激发创新活力

数据基础制度的完善，为创新生态系统的培育提供了良好的制度环境。它鼓励企业、高校、科研机构等创新主体之间的数据合作与共享，促进产学研深度融合，形成创新合力。同时，数据基础制度也为创新创业提供了新的机遇和平台，激发了全社会的创新活力。例如，数据交易平台的建设可以为创新企业提供数据资源和技术支持，促进创新成果的转化和应用。

（3）提升国家科技创新能力，增强核心竞争力

拥有健全的数据基础制度，可以吸引全球的创新资源和人才，提高国家的科技创新能力和核心竞争力。在全球科技竞争日益激烈的背景下，数据基础制度成为国家科技创新战略的重要组成部分。国家可以通过制定数据开放政策、加强数据安全保护等措施，营造良好的创新环境，推动科技创新的跨越式发展。

第三章

数据交易平台：创新应用的万花筒

随着信息技术的飞速发展，数据资产已成为现代企业的重要战略资源。数据资产的交易、买卖与赠与作为数据流通的重要方式，对于促进数据资源共享、推动数字经济发展具有重要意义。数据资产的交易、买卖与赠与，不仅有助于实现数据的优化配置，还能促进数据的创新应用和价值挖掘。

第一节　数据资产板块的奇幻之旅

一、流通赠与：数据资产的魔法钥匙

数据资产的交易是指数据资产在不同主体之间通过市场机制进行有偿转移的过程。交易机制包括交易平台、交易规则、交易方式等多个方面。当前，数据资产交易主要依托大数据交易所等专业化机构进行，这些机构通过建立完善的数据交易规则、交易流程和安全保障措施，为数据资产的交易提供规范化、专业化的服务。数据资产的赠与是指数据资产所有者将数据资产无偿转让给其他主体的行为。赠与机制通常用于数据共享、数据开放等场景，有助于促进数据资源的优化配置和高效利用。在数据资产的赠与过程中，赠与方和受赠方需

要明确数据的权属、使用范围、使用期限等关键要素，以确保数据的合法使用和有效管理。

流通赠与对数据交易平台的作用主要体现在以下五个方面。

1. 促进数据资产的流通与交易，拓展交易场景

流通赠与机制使得数据资产不再局限于单一持有者，而是可以在不同主体间自由流通，从而增加了数据资产的流动性。这种流动性有助于打破数据孤岛，促进数据资源的有效整合和利用，从而提升数据资产的市场价值，吸引更多投资者和参与者进入数据交易市场。通过流通赠与，数据交易平台还能够探索更多的交易场景和模式，如基于数据资产的合作开发、共享使用等，进一步丰富平台的交易生态。

2. 增强数据交易平台的吸引力，提升用户体验

流通赠与机制为用户提供了更多样化的数据资产获取方式，如通过参与活动、完成任务等获得赠与的数据资产。用户可以在平台上积累更多的数据资产，从而提升用户对平台的满意度，增强用户黏性。新颖的流通赠与方式可能吸引那些对数据交易感兴趣但尚未入门的潜在用户，从而扩大平台的用户基础。

3. 推动数据资产的合规性，保障数据安全

流通赠与机制要求数据交易平台加强数据安全管理和隐私保护，确保数据资产在流通过程中的安全性和稳定性。同时，在流通赠与过程中，数据交易平台需要确保数据资产的合法性和合规性，以避免法律风险，这有助于提升整个行业的合规水平，增强市场信心。

4. 促进数据资产的价值挖掘与利用，推动产业升级

流通赠与机制鼓励了数据资产的创新应用，使得数据资产能够在不同领域和场景中发挥更大的价值。这有助于推动数据资产的深度挖掘和高效利用。随

着数据资产的广泛流通和应用，数据交易平台将成为推动产业升级的重要力量，促进不同主体之间的合作与共享，从而形成数据资源的协同利用和价值共创。数据交易平台可以加速传统产业与数字经济的深度融合，推动经济高质量发展。

5. 提升数据交易平台的市场竞争力，扩大市场份额

通过流通赠与等创新机制，数据交易平台可以构建独特的竞争优势，吸引更多优质的数据资产和数据服务商入驻平台。随着平台用户基数的增加和交易生态的完善，数据交易平台将逐渐扩大其市场份额，提升影响力，进一步巩固其市场地位，成为数据交易领域的重要参与者。

流通赠与作为数据交易平台的一种创新机制，在促进数据资产的流通与交易、增强数据交易平台的吸引力、推动数据资产的合规与安全、促进数据资产的价值挖掘与利用、提升数据交易平台的市场竞争力等方面都具有重要作用。未来，随着技术的不断发展和市场的日益成熟，流通赠与等创新机制将在数据交易市场中发挥更加重要的作用。

⊞【案例 3-1】开启首个数字资产流通赠与——光明乳业数字化赋能品牌焕新

2023 年 9 月 27 日，光明乳业联合上海数据交易所正式发行 2023 款带有郎平与袁莎签名和寄语的"韵动"系列数字资产，这也是在上海数据交易所登记的首个可流通赠与的数字资产。首发两小时内，数字资产即售罄。

光明乳业是全国首家自建数字资产发行平台的乳制品企业，也是上海数据交易所首个开启数字资产流通赠与的企业。光明乳业此次全新首发"韵动"系列数字资产，创新开启了数字资产新玩法。在形象设计上，"韵动"系列针对郎平与袁莎设计了定制化的个人数字资产形象，结合西湖实景、女排运动等风格元素，融合了东方文化之韵和华夏民族拼搏进取的运动精神，展现出数字资产独特的设计魅力；在玩法上，首次融入人声，将运动员的祝

福与数字资产融合在一起，让数字资产变得更加生动且极具趣味性。

本次首个可流通赠与数字资产的发行，是上海数据交易所积极响应《立足数字经济新赛道推动数据要素产业创新发展行动方案（2023—2025年）》（沪府办发〔2023〕14号）的号召，研究与实体经济相结合的数字资产流通机制，在数字资产流通交易机制探索路径上迈出的重要一步。此次可流通赠与数字资产的发行，将有效夯实下阶段上海数据交易所数字资产流通交易的实践基础，加速提升数字经济、赋能实体经济发展。

对于用户来说，新增的流通赠与规则、流转数据记录信息在中国数字资产网的披露，为数字资产增添了合规安全保障。对于品牌企业，数字资产流通赠与功能的开通，不仅可以增强用户黏性，帮助企业扩大品牌影响力，更能进一步激发品牌创新活力。本次首个可流通赠与数字资产的发布，叠加数字资产合成、抽奖得限量款等设计，丰富了数字资产的玩法。这种多趣味、多层级、多互动的方式有助于延长价值链，增强品牌造血功能，让用户从品牌的使用者变成拥护者，实现双向奔赴、共同成长。

上海数据交易所透露，未来将逐步放开不同标的物类型的流通登记，探索多类型、多权益、多行业、多场景下的数字资产流通方式，让数字资产的流通和价值成为促进实体经济发展的新引擎，通过数字化科技手段跨界融合，实现数字资产与各产业相结合，形成虚实结合、以虚促实的数字经济新业态，为促进实体经济发展提供新动能。①

二、创新应用：数据价值释放的加速器

数据交易平台作为连接数据供需双方的桥梁，其创新应用对于推动数据流

---

① 资料来源：界面新闻记者杨舒鸿吉于2023年9月28日发布的新闻报道《上海数交所首个可流通赠与数字资产上线》。

通、释放数据价值具有重要意义。数据交易平台是数据交易市场的核心组成部分，它促进了数据的合法、合规交易，推动了数据的流通和利用。随着大数据、人工智能等技术的不断发展，数据交易平台的创新应用不断涌现，为数据交易市场注入了新的活力。创新应用在提升数据交易平台的数据价值方面发挥着关键作用，具体表现在以下六个方面。

1. 推动数据资产的高效流通，打破数据壁垒

创新应用通过技术手段打破不同系统、不同行业间的数据壁垒，实现数据的互联互通。例如，区块链技术可以用于构建数据资产通证化平台，使数据资产能够像股票、债券一样在交易市场上流通。这不仅促进了数据的高效流通，还提高了数据的利用率和经济效益。平台利用人工智能和机器学习等技术的创新，实现数据的智能匹配和推荐。这有助于在数据交易平台上，快速找到符合需求的数据产品或服务，提高交易效率，降低交易成本。此外，数据交易平台采用先进的数字化交易系统，实现数据资产的快速登记、估值、交易、披露和处置。这些数字化工具大大提高了交易效率，降低了交易成本。部分数据交易平台还提供一站式服务，包括数据咨询、数据治理、数据交易和数据安全等服务。这些服务有助于客户更好地理解和利用数据资产，提升数据资产的价值。

2. 优化数据资产的动态价值评估

创新应用通过构建科学合理的数据资产评估体系，完善数据资产价值评估指标，对数据资产的价值进行量化评价。一方面，有助于确定数据的价值密度和大小，为数据资产的定价和交易提供科学依据；另一方面，可适当提高轻资产、重数据的科技型企业的估值包容性。同时，基于数据资产价值评价指标体系，对数据资产进行动态的价值评估。这有助于及时发现数据资产价值的变化，推动数据资产的迭代和优化，实现数据资产价值的最大化。例如，深圳数据交易所完成首单"市场法"数据价值评估，为数据资产提供了更为精准的定价

依据。

3. 保障数据资产的安全与合规

数据交易平台高度重视数据安全保护，采用先进的数据加密、脱敏等技术手段和安全防护措施，确保数据在交易过程中的安全性和隐私性。同时，通过合规性监管技术，如数据审计、数据溯源等创新应用，确保数据的合法合规使用，有助于构建良好的数据生态环境，促进数据资产的健康发展。部分数据交易平台采用监管沙盒等创新监管方式，在保障交易安全的同时，为数据资产的创新提供了一定的试错空间。

4. 拓展数据资产的应用场景和交易范围

数据交易平台通过推动数据资产的创新应用，如数据可视化、数据挖掘等，提升数据资产的价值。其不断推出新的交易品种，涵盖各行业的数据资产。例如，上海数据交易所推出了"工业数擎""航班资源宝"等多种数据产品，满足了不同行业的数据需求。同时，通过市场调研、用户反馈等方式，识别新的数据应用场景，并将数据资产应用到这些场景中。这有助于拓展数据资产的应用范围，提高数据资产的变现价值。数据交易平台还积极探索数据资产的融资方式，如数据资产质押贷款、数据资产无质押增信贷款等。这些创新融资方式不仅为数据资产持有者提供了更多的融资渠道，也为金融机构提供了新的业务增长点。

5. 跨行业跨区域合作推动产业发展

数据交易平台积极与各行业合作，推动数据资产的跨界应用和创新发展。例如，与金融机构合作推出数据资产创新应用方案，为科技企业提供新的融资途径。数据交易平台还积极推动区域合作，实现数据资产的互通互认。例如，在国家数据局推动下，北京国际大数据交易所等24家数据交易机构联合发布《数据交易机构互认互通倡议》，推进了数据资产的跨区域流通和应用。

6.促进数据交易平台的规范化发展

数据交易平台通过推动数据治理，构建清晰的数据治理组织结构，明确数据治理的战略目标和范围，制定数据资产交易规则，规范数据资产的交易行为，维护数据交易平台的秩序和稳定，推动数据交易平台的标准化建设，提高数据资产交易的透明度和可信度，保障数据资产交易双方的权益。这有助于增强用户对数据交易平台的信任度和满意度，促进数据交易平台的健康发展。

可见，创新应用在提升数据交易平台的数据价值方面发挥着重要作用。它通过推动数据资产的高效流通、优化数据资产的动态价值评估、保障数据资产的安全与合规、拓展数据资产的应用场景、跨行业跨区域合作推动产业发展、促进数据交易平台的规范化发展、创新合作推动产业发展等方式和策略，不断挖掘和实现数据资产的经济价值和社会价值，为数据交易平台的可持续发展提供有力支持。

> ∷【案例 3-2】数据交易模式创新应用案例——聚合数据 API 数据交易平台 [①]
>
> 2023 年 12 月 2 日至 5 日，在新华通讯社、海南省人民政府、中国品牌建设促进会联合主办的 2023 中国企业家博鳌论坛上，由天聚地合（苏州）科技股份有限公司报送的聚合数据 API 数据交易平台项目入选数据交易模式创新应用案例。
>
> 天聚地合（苏州）科技股份有限公司（简称"聚合数据"）是国内大数据应用领域的行业先驱者与领导者，秉持"数字化从未如此简单"的客户服务理念，帮助企业便捷、高效地解决数字化问题。其是全国第一家获得工信部国家大数据产业发展示范试点项目的企业单位，国家级"专精特新"小巨

[①] 资料来源：新华网于 2023 年 12 月 13 日发布的新闻报道《数据交易模式创新应用案例——聚合数据 API 数据交易平台》。

人企业。

聚合数据API数据市场交易平台上线于2010年，是国内成立最早、规模最大、全国领先的数据交易流通服务平台。打造了数据要素流通及数据应用的商业模式的典范标杆，它通过聚合多种数据源，为用户提供一站式的高质量数据解决方案。截至2023年12月13日，聚合数据交易平台提供近800个专有API数据源，涵盖了金融、物流、通信、社交等多个领域。每年平台API调用量超过1200亿次，赋能了超140万名用户，包括腾讯、阿里巴巴、百度、网易、美团、中国移动、中国联通、中国电信等知名企业。

平台通过提供易于接入和使用的API技术服务，帮助全国各类中小企业解决数据获取的难题，更好地利用数据驱动业务发展。平台通过提供支持多种业务场景的数据应用，如数据分析、消息触达、身份核验等，帮助用户提升业务运营效率。

聚合数据API数据市场交易平台的创新之处在于其强大的数据资源整合能力和用户友好的全流程服务，以及全数据链路的合规授权审核以保证所有应用场景的安全合规运营。平台不仅提供了丰富多样的数据源，还通过先进的技术确保了数据的准确性和实时性。

聚合数据API数据市场交易平台荣获工信部"云帆奖"、中国大数据应用最佳实践案例、工信部ICT中国最佳行业创新应用奖等诸多奖项。

第二节　交易平台背后的技术支撑与市场前景

一、区块链、人工智能等技术助力数据交易平台

区块链、人工智能等技术在数据交易平台上的应用正在逐渐改变着数据交易的格局，这些技术的应用不仅提升了数据交易的效率，还增强了数据的安全

性和透明度。

1. 区块链技术在数据交易平台上的应用

（1）确保数据交易的透明性与可追溯性

区块链技术具有去中心化、数据不可篡改的特点，这为数据交易提供了强大的透明性和可追溯性。在数据交易平台上，所有交易数据都可以被记录在区块链上，供所有参与者查看和验证。这确保了数据的真实性，并防止了数据被篡改或滥用。

（2）提升数据安全与隐私保护

区块链技术通过其独特的加密和分布式存储机制，确保了数据在传输和存储过程中的安全性。在数据交易平台上，区块链技术可以有效地保护数据不被未经授权的访问或泄露。同时，通过智能合约等技术手段，区块链还可以实现数据的隐私保护，确保数据在交易过程中不被泄露给无关方。

（3）简化交易流程与降低成本

区块链技术可以简化数据交易的流程，减少中介机构的参与，从而降低交易成本。在数据交易平台上，买卖双方可以直接通过区块链进行交易，无须通过烦琐的中介流程。这不仅提高了交易效率，还降低了交易成本和时间成本。

2. 人工智能技术在数据交易平台上的应用

（1）智能数据匹配与推荐

人工智能技术可以通过机器学习和深度学习等技术手段，实现数据的智能匹配和推荐。在数据交易平台上，人工智能技术可以根据用户的需求和兴趣，自动推荐符合其需求的数据产品或服务。这不仅可以提高交易的精准度和满意度，还可以为用户节省搜索和筛选数据的时间。

（2）实现智能风控与合规管理

人工智能技术可以通过大数据分析和机器学习等技术手段，实时监测和预警数据交易过程中的风险事件。在数据交易平台上，人工智能技术可以帮助平台及时发现和处理潜在的风险事件，如欺诈、洗钱等。同时，人工智能技术还可以帮助平台实现合规管理，确保所有交易都符合相关法律法规的要求。

（3）提升交易效率与降低成本

人工智能技术可以自动化处理数据交易过程中的烦琐任务，如数据清洗、格式转换等。在数据交易平台上，人工智能技术可以帮助平台快速处理这些数据任务，提高交易效率。同时，通过优化算法和模型，人工智能技术还可以降低交易成本，提高数据交易的盈利能力。

3. 区块链与人工智能技术的融合应用

人工智能作为提升生产力的工具，而区块链则成为促进生产关系发展的利器，两者正逐步走向融合。这种融合通过高度协同，加速支撑超大规模复杂场景的产业创新。例如，人工智能通用模型的发展依赖于海量高价值训练数据，而下一代区块链网络能有效驱动这些数据为模型所用；同时，人工智能也能辅助区块链智能合约的编写和执行，显著提升区块链网络的运行效率。

（1）构建可信的数据交易环境

区块链与人工智能技术的融合应用可以构建一个可信的数据交易环境。通过区块链技术确保数据的透明度和可信度，通过人工智能技术实现数据的智能匹配和推荐。这可以形成一个高效、安全、可信的数据交易生态系统，促进数据的流通和利用。

（2）推动数据交易的智能化和自动化

区块链与人工智能技术的融合应用可以推动数据交易的智能化和自动化发展。通过智能合约和自动化算法，数据交易平台可以实现交易的自动化执行和智能风控。这不仅可以提高交易的效率和安全性，还可以为用户带来更加便捷和智能的交易体验。

区块链、人工智能等技术在数据交易平台上的应用正在逐步改变着数据交易的格局，这些技术的应用不仅提升了数据交易的效率、增强了数据的安全性和透明度，还为用户带来了更加便捷和智能的交易体验。未来，随着技术的不断进步和应用场景的不断拓展，我们可以期待这些技术在数据交易平台上发挥更大的作用。

二、数据交易平台的发展趋势与市场潜力

数据交易平台作为数字经济的重要组成部分，近年来呈现出蓬勃发展的态势。以下从交易规模持续扩大、交易模式多样化、技术推动数据交易升级、市场规范化发展、跨界融合应用趋势、数据资产化加速、区域协同发展和市场集中度继续提升等方面，探讨数据交易平台的发展趋势与市场潜力。未来，随着数字经济的不断发展和技术的不断进步，数据交易平台有望成为中国数字经济的重要引擎和推动力量。

1. 交易规模持续扩大

近年来，随着数字化和智能化技术的广泛应用，数据交易市场规模持续扩大。2024 年，中国数据市场交易规模已超过 1 600 亿元，同比增长 30%。2023年 12 月 31 日，由国家数据局等部门联合发布的《"数据要素 ×"三年行动计划（2024—2026 年）》提出，到 2026 年底，数据交易规模将增长 1 倍。这一趋势背后是数字化和智能化技术的广泛应用，以及数据要素市场的不断成熟。随着更多企业和个人参与到数据交易中，市场规模有望进一步增长。

2. 交易模式多样化

随着技术的不断进步和市场的不断发展，创新交易模式正在不断涌现。传

统的数据交易主要依赖于政府提供，如今，数据交易主体已经由政府指导类、数据服务商类、大型金融及互联网企业多方主体共同参与，实现多元共建发展。按照功能的不同，大数据交易平台可分为三类：提供交易渠道及最低数据脱敏服务要求的交易平台；进一步挖掘大数据价值，提供经过清洗、脱敏、分析等流程后形成的大数据分析产品的交易平台；通过购买或网络爬虫等方式获得大数据产品并作为卖方身份的交易平台。例如，北京国际大数据交易所基于"数据可用不可见，用途可控可计量"的新型交易范式，为数据交易提供了更为安全和高效的解决方案。这些多样化的交易模式不仅丰富了数据交易的种类，也提高了数据交易的效率和价值。

3.技术推动数据交易升级

大数据相关的隐私计算、实时计算、硬件变革等技术发展推动了大数据技术和产品的升级迭代，带来了更多新的应用场景、解决方案和产品服务，提升了数据交易的可靠性，也增强了市场对数据交易的信心。例如，上海数据交易所联合复旦大学大数据研究院完成了国内首个数据交易内生可信交付框架的顶层设计，并系统布局数据交易链、数联网等新型基础设施，为数据可信流通提供系统支撑。通过区块链、数字水印等加密技术，数据交易平台加强数据质量管理和数据溯源能力，确保数据的准确性和可信度，保障了数据在流通、存储、利用等过程中的安全性。

4.市场规范化发展

近年来，国家和地方层面纷纷出台相关政策，推动数据要素市场化配置，培育数据交易主体，规范数据交易行为，加强数据交易市场的监管。例如，"东数西算"工程的稳步推进、大数据技术攻关实验室的建立，为产业创新发展提供了重要支撑。随着政策法规的逐步完善和交易规则的明晰化，数据交易中心的规范化建设将进一步加强，从而促进市场的健康有序发展。例如，《中共中央国务院关于构建数据基础制度更好发挥数据要素作用的意见》从数据产权、流通交易、收益分配、安全治理四方面，系统构建了我国数据基础制度体系。相关政策的出台不仅为数据交易提供了明确的法律保障，也推动了数据交易市场的健康发展。

5. 跨界融合应用趋势

数据交易平台正呈现出跨界融合的发展趋势，推动传统产业的转型升级。数据交易是一个新兴的、快速发展的领域，企业数据、消费者数据、金融数据等都可以参与交易，应用场景涵盖金融、互联网、政务、医疗健康、通信、教育等各行各业。例如，在金融行业，数据交易已经成为开展金融业务的关键要素，尤其在金融风控和营销领域具有重要的作用，为这些领域提供了更加精准和高效的数据支持。跨界融合将推动数据交易平台的多元化发展，为市场带来更多创新点和增长点。

6. 数据资产化加速

数据资产化是数据交易平台发展的重要趋势。随着数据要素市场的不断成熟，数据资产的成本归集、摊销年限确认、市场价值测算等问题逐渐得到解决。上海数据交易所联合战略数商团队发布的《数据资产入表及估值实践与操作指南》，针对企业数据资产入表十大操作难点、三种收益测算、八项创新应用给出操作指引，旨在推动数据资产转化为可流通交易的通证，让数据资产在未来能够像股票、债券一样在交易市场上流通交易。

7. 区域协同发展

数据交易平台的区域协同发展正在加速推进。目前，数据交易中心主要分布在华东、华北和华南沿海地区，这些地区经济发达，数据资源丰富，为数据交易中心的发展提供了良好的条件。未来，随着"东数西算"工程等区域协同发展政策的实施，数据交易平台的区域布局将进一步优化，形成更加紧密的区域协同发展格局。这不仅有助于提升数据交易的效率和价值，也有助于推动区域经济的协同发展。

8. 市场集中度继续提升

截至 2024 年 8 月，全国已有 26 个省（区、市）开展了数据交易场所、交易公司组建工作，国内主要数据交易场所达到 65 个，市场竞争越发激烈。尽管我国数据交易市场已经成立了一大批数据交易所，但市场集中度整体较低。2023 年数据显示，各交易所交易规模占比份额，行业 CR3（前三名市场份额之和）仅在 8%，CR5（前五名市场份额之和）仅在 12% 左右。这表明，数据交易市场尚未形成明显的垄断格局。随着市场的发展和整合，市场集中度有望进一步提升，形成更加稳定和成熟的市场格局。

品【案例 3-3】案例背后，展开一幅"数据要素"赋能千行百业全景图 [①]

在 2024 年 10 月 18 日举行的 2024 "数据要素 ×" 大赛湖南分赛颁奖仪式上，为了让更多人了解 "数据要素 ×" 大赛，展示大赛的成果，现场邀请中科云谷副总经理杨辉和芒果数智产品经理谢亮演示项目。

算出"最优解"数据是基础

数学中有道几何题，问一块矩形钢板，要切成圆形、扇形、菱形等几个不同形状的零件，怎么切最节省材料？从事装备制造行业的朋友们可能天天要面临解决这个难题。这次的解题者是杨辉，他触类旁通揭示一个装备制造行业系统降本增效的项目。

以前上述几何题可以在纸上画图计算，后来在电脑上计算。现在，使用"业财融合助力离散型制造业极致降本"这个项目，实现数据 90% 以上自动

---

① 资料来源：贺威于 2024 年 10 月 18 日在湖南省人民政府门户网站发表的文章《2024 "数据要素 ×" 大赛湖南分赛颁奖仪式特写》。

采集、传输，工程师在无感的状态下，系统已经给出最优方案，并且执行完毕。节省材料的效果，综合体现在整个工厂的成本节约中。项目负责人杨辉介绍，切割不良品率降低18%，套排效率提升30%。切割钢板材料只是装备制造产业中的一道工序。以一个工厂为例，研发、财务管理、销售等都需要降本增效。企业可能同时在全球不同国家都有工厂，如何更好地管理，协同降本增效也是需要解决的问题。以上各种情况项目都考虑到了，并就此可应用于工程机械行业多品少批量与需要强波动导致精确管控成本等多个场景。仅拿研发一项来讲，研发周期下降21%，产品研发成本降低10%。

从杨辉的介绍来看，可以把"数据要素 ×"理解为在各种复杂计算求"最优解"的过程中，须以数据为最基础、最重要的元素，否则就像计算题没有数字一样尴尬。同时，数据来源于千行百业，计算千行百业的数据，为行业发展提供"最优解"，就是"数据要素"赋能千行百业。

实现"数字化"万物"皆可算"

再看文旅行业"数据要素融合'文物数字化工程'，打造'AIGC 衍生IP 孵化'全链路生态"项目，看上去没有数据和计算的领域，如何实现"数据要素"赋能？

这个项目通过文物数字化，应用贯穿至考古、研究、保护、管理、传播、创意产品、数据流通等全链条，让文物真正活起来。其中最重要的一个现场为文物数据采集，简单来说就像数码相机拍照，只是拍文物需要更多维的照片呈现。于是，该项目团队针对当前文物数字化采集规模受限，以及重建精度与效率不高等问题，开展快速 3D 数字采集与重建技术研究。通过技术加持，建立快速、高效、高精度的文物三维数字化采集与重建技术体系，奠定文物数字化保护与利用基础。对一件文物拍照，十来分钟就可以获得 300 张以上，可提取维度包括釉色、器型、纹样等，AI 分析 10 秒即可出结果。自研基于纯视觉的"文物神经核表面重建算法"实现了对文物表面微观细节的精确重建。目前，该系统已经开始规模运用。我们熟悉的国产游戏

《黑神话：悟空》中的所有文物、古建均来自该团队的扫描采集。

此外，颁奖现场还发布了湖南省首批 50 个"数据要素 ×"典型案例。他们来自分两批征集到的 382 个应用场景案例。如此算来，颁奖现场共有近 1 400 个案例支撑，可以说展示案例的背后，展现了一幅"数据要素"赋能千行百业全景图。

第三节 数据交易平台的挑战与应对策略

一、数据交易平台面临的主要机遇与挑战

我国数据交易平台在借鉴国外发展经验的基础上，积极探索符合我国国情的数据交易发展路线，并取得了一定的阶段性成果。立足当下，面向未来，数据交易平台发展的内外部环境正在加速变化，处于机遇与挑战交织、数据交易改革创新难度加大的发展新起点。

1. 数据交易平台发展面临的机遇

（1）庞大的潜在市场需求为数据交易平台的发展提供广阔空间

随着数字化和智能化的快速发展，数据已成为重要的生产要素和资产。不同行业、不同地区对数据的潜在需求日益旺盛，同时对数据的质量、数量交易方式等也提出了更高的要求。这为数据交易平台提供了巨大的市场机遇和发展空间。"十三五"时期，我国大数据产业快速起步，大数据产业规模年均复合增长率超过 30%。随着数据在医疗、交通、旅游、教育等场景应用越来越丰富，数据交易市场规模也将逐年扩大。

（2）各项政策的出台为数据交易机构的发展提供强力支持

近年来，我国政府和各级地方政府相继出台了一系列政策，鼓励数据流通

和交易。

《"数据要素×"三年行动计划（2024—2026年）》明确到2026年底，培育一批创新能力强、成长性好的数据商和第三方专业服务机构，形成相对完善的数据产业生态，场内交易与场外交易协调发展，数据交易规模倍增。

中共北京市委、北京市人民政府印发的《关于更好发挥数据要素作用进一步加快发展数字经济的实施意见》重点围绕数据产权制度、数据收益分配、数据资产登记评估、公共数据授权运营、数据流通设施建设、数据要素产业创新等方面提出具体意见，力争到2030年，北京市数据要素市场规模达到2 000亿元。

中共山西省委办公厅、山西省人民政府办公厅印发《山西省加快建设高标准市场体系实施方案》，提出加快培育发展数据要素市场，有序推进数据要素交易流通，加快推进山西大数据交易平台建设。

贵州省委、省政府印发的《贵州省数据要素市场化配置改革实施方案》提出到2025年底，数据要素市场体系基本建成，力争将贵阳大数据交易所上升为国家级数据交易所，数据要素实现有序流通交易和价值充分释放。

这些政策的出台为数据交易机构提供了良好的发展环境和政策支持。

（3）技术进步为数据交易机构的发展提供有力支撑

随着大数据、云计算、人工智能等先进技术的不断发展，数据处理和分析能力得到了大幅提升，数据的安全性和可靠性也得到了更好的保障。例如，数据交易机构依托大数据和云计算技术，更有效地处理和分析海量数据；加密技术、访问控制、数据脱敏等技术的不断进步，使数据交易机构能够为客户提供更加安全可靠的数据交易服务，从而增强客户对场内数据交易的信心；区块链技术能够为数据交易提供去中心化、可追溯的解决方案，有效降低了数据交易的风险；人工智能和机器学习技术则可以帮助数据交易机构更好地理解客户需求，实现个性化推荐和智能匹配。这些技术的进步为数据交易机构提供了更加高效、便捷、安全的数据交易服务，从而推动数据交易市场快速发展。

2. 数据交易平台面临的挑战

（1）全国数据交易基础规则仍未明确

当前，数据要素市场在基础制度和规则建设方面仍面临深层次的挑战。尽管我国已经初步构建数据要素相关政策体系，明确了数据产权、流通交易、收益分配、数据治理等基础制度探索方向，但在实践层面，数据流通交易规则建设仍以各地分散探索为主。相关领域的立法和全国性细化指引文件仍显不足，各地数据流通交易规则大多为数据交易平台层面的规范文件，尚未上升到地方性法律或规章层面。这导致其约束力、指引性有限，并存在标准不一、各成体系的问题，不利于激发场内交易活力和全国统一大市场建设。

（2）场内数据供给和需求存在不足

如何有效消除数据供需方进场顾虑、激发参与热情，尚未形成完善有效的保障和激励机制。在供给端，参与数据交易的主体大多为政府部门、央企国企等，而诸多数据资源丰富的商业机构、平台型企业，或因顾虑数据安全风险，对数据交易望而却步；或因交易便利性等因素，依旧沿用场外交易方式以满足企业研发、生产、决策等对各类数据采购的需求，入场交易动力不足。此外，个人数据参与数据交易仍面临障碍，且单一个人数据价值不高。在需求端，众多行业企业虽然数据利用需求较大、场景较多，但受限于场内数据供给和匹配能力，以及自身开发利用数据的基础能力约束，数据要素未能得到充分、有效激发。如前所述，2023 年我国数据要素市场规模达到 1 536.9 亿元，场内交易占比不足 5%。

（3）数据交易平台的持续运营能力薄弱，服务模式有待革新

数据交易平台无序发展、同质化竞争。近几年，各地掀起建立数据交易平台的第二波热潮，国内大部分省市已至少拥有一家数据交易平台，部分地区甚

至有多家机构。例如，北京、广东、江苏、浙江等省市，先后累计组建的数据交易平台均超过4家。这些交易平台在发展定位和市场功能上相互重叠，如果不做好统筹、错位发展，容易出现同质化竞争和资源浪费。建议各地对数据交易机构发展进行合理布局，加强行业发展指导，审慎建立数据交易机构。

（4）数据交易平台的持续盈利能力有待提升

目前，我国数据交易平台运营主要依赖财政补助、交易服务费等收入。但由于场内数据交易市场规模较小，交易活跃度较低，有时为了提升市场活跃度，还需组织各类活动，并给予补贴和优惠，这导致很多数据交易平台的市场收入难以覆盖平台建设和日常运营成本。而且，随着多方安全计算、联邦学习、人工智能等前沿数字技术应用需求的日渐增多，交易场所在数据基础设施建设和应用创新方面还将承担更加高昂的成本。

（5）交易场所数据服务模式亟待创新

数据交易场所的交易流程仍较为复杂，主要表现为交易流程长、时间成本高。例如，数据合规评估、定价评估、数据登记等环节需要一对一人工操作，难以应对大规模数据上市需求。因此，数据交易场所需进一步简化和优化相关流程，探索标准化、自动化、智能化服务模式。另外，交易场所目前提供的增值服务较为有限，数据交易资金存管保障、交易保险等服务还不够完善。

二、应对挑战，推动数据交易场所的持续发展

1. 构建数据交易场所发展指数体系

数据交易场所是当前我国开展数据基础制度实践探索的关键力量，是促进和承载数据要素安全有序流通、激活数据要素价值潜力的重要通道，是集聚数据生态、繁荣数据市场、培育发展新质生产力的重要平台，其高质量发展在新一轮全国数据要素市场统筹建设中起到至关重要的作用。因此，把握发展机遇，

有效应对数据交易场所发展面临的挑战和问题，推动数据交易场所健康有序发展，成为亟待攻关的重要课题。

为加快推动数据交易场所迈入高质量发展轨道，相关部门和机构应结合数据要素发展特点与数据交易场所功能定位，基于数据流通交易指数，以问题和发展需求为导向，构建数据交易场所发展指数，为全国和各地区开展数据交易场所发展质量评估提供量化"标尺"。以该指数作为衡量工具，可全面、客观、具体地反映各数据交易场所的发展现状、发展水平、发展亮点和不足，以及各发展举措的实际效果，为全国、各地区推进数据交易制度建设、优化数据交易场所布局、健全数据交易场所发展举措、创新数据交易场所发展模式提供有力支撑。

（1）指标建立依据

基于对数据交易场所业务、功能、流程等的全面解析，综合国内外数据交易机构发展要点、亮点举措和前沿探索趋势，中国信息通信研究院建立了"数据交易场所发展指数 1.0"，从发展环境、基础支撑、市场交易、生态构建、辐射影响五个维度衡量数据交易场所的发展水平。"数据交易场所发展指数 1.0"在指标选择方面遵循全面性、科学性、代表性等原则，并综合考虑在省域层面、交易所层面数据的可获取性。

①发展环境维度

数据交易场所所在地区的数据要素环境是其赖以发展的重要土壤，政策推动和扶持力度、数据制度完善程度、数据资源集聚和供给能力、监督管理水平等综合因素很大程度上决定了数据交易机构的发展潜力。为此，"数据交易场所发展指数 1.0"主要从政策、制度、数据、监管四个方面衡量数据交易场所的发展环境。

在政策环境方面，主要从数据交易场所所在地区数据要素顶层设计制定情况、专项政策数量及重点领域覆盖情况、相关支持政策出台情况等维度，衡量政策的完善性和推动力度。

在制度环境方面，主要围绕国家"数据二十条"中布局的数据产权、数据流通和交易、收益分配、数据治理四项基础制度，从相关地方性法规、标准规范、规则指南制定出台情况等维度衡量地方数据基础制度的探索深度和建设水平。

在数据环境方面，主要从公共数据开放、公共数据授权运营和企业数据管理利用水平三个维度，衡量政府端、社会端数据资源供给能力和潜力，其中产业数据管理利用水平，重点从产业数字化水平和数据管理能力成熟度评估模型两方面综合衡量。

在监管环境方面，主要从监管制度建设、容错机制建设两个维度，衡量地方数据交易场所监管水平，以及对创新探索的包容性，其中监管部分重点评估对数据交易场所的统筹管理能力和资金监管机制是否健全。

②基础支撑维度

数据有别于传统要素和实物产品，其全周期、全流程都依存于数据基础设施构建的数字空间，且具有明显的非排他性和复制成本趋近于零的特点。要破除各类主体"不愿入场、不想交易、不敢交易"的难题，相关部门和机构应结合数据要素特点，从运营能力、规则制定、设施建设、服务整合、风险控制等方面发力，构建起数据可信流通支撑体系。因此，运营的可持续性、规则的完整性、设施的完善性、服务的优质程度、风控体系的健全性是衡量数据交易场所数据流通环境的关键指标。

在运营能力方面，主要基于数据交易场所每年的营业收入情况，衡量其交易撮合能力、持续性投入能力和可持续运营能力。

在规则制定方面，主要衡量数据交易场所流通交易相关规则的制定情况，以及规则对主体准入与管理、数据质量评估、合规性审核、数据登记与凭证发放、数据价值评估与定价、数据挂牌、数据交易与交割、安全防护、纠纷处置等数据交易全环节的规范情况。

在设施建设方面，主要衡量数据交易场所网站、公众号以及数据流通交易等平台的功能完备性、可靠性、可用性、易用性等。对数据流通交易平台，重点评估其是否具备"数据可用不可见"的安全交易能力、对各类算法和场景的支持程度、线上测试与交付能力、跨区域平台互通能力等。

在服务整合方面，主要衡量数据交易场所对数据流通交易及相关延伸服务的整合优化水平、服务效率及服务成本等。

在风险控制方面，主要从数据安全、资金安全、交易行为保障三个维度衡量数据交易场所的风险控制能力。

③市场交易维度

数据交易场所的核心职责是搭建数据供需对接桥梁，促进供需双方在场内达成交易行为，实现数据的安全高效流通利用。因此，数据交易场所数据产品供给的多样性和专业性，数据交易的活跃性以及规模、供给和需求成交转化率是衡量数据交易场所市场表现的关键点。

在数据产品供给方面，主要根据挂牌上架数据产品的总量和更新情况，以及行业、标的类型的覆盖情况，衡量数据交易场所数据供给的能力和水平。

在数据交易方面，主要根据单位时间内数据交易总量、频次及单价，综合衡量数据交易场所的数据交易表现。

在供需匹配方面，主要依据单位时间内从询价到达成交易的转化率、从需求发布到达成交易的成功率，以及数据产品热交易率，综合衡量数据交易市场沟通供需、促进供需双向匹配的水平。

④生态构建维度

数据要素市场有赖于供需主体的共同参与，以及技术型、服务型、应用型等各类数商协同发力，从而实现高质量的数据供给和顺畅的数据交易。同时，数据供需主体和数商也是数据要素市场的活力所在和点"数"成"金"的关键力量。为此，数据供需主体、各类数商的集聚水平和参与交易活动的活跃情况，应作为数据交易场所生态繁荣程度的衡量指标。

在数据供需主体方面，主要根据数据交易平台注册的用户数、活跃用户数及用户交易行为，来衡量数据供需主体的集聚水平和活跃度。

在数商方面，主要依据数据交易场所各类数商注册数量、参加交易活动的行为情况等，来衡量数据交易机构的数商生态集聚水平和服务供给能力。

⑤辐射影响维度

数据源、数据需求、数商都是分散在全国各地甚至是境外的，打破跨区域、跨境壁垒，将业务向外辐射、将资源向内汇集、将交易向各行各业深入是数据交易场所晋位提级、繁荣数据交易市场的关键。同时，我国场内数据交易还处在创新探索攻坚期，数据交易平台的创新能力在数据基础制度破题立制阶段显得尤为重要。"数据交易场所发展指数1.0"从区域辐射、行业带动、跨区域生态集聚、创新引领四个方面综合衡量数据交易场所的影响力以及对全国数据交易贡献的大小。

在区域辐射方面，主要根据交易场所数据交易业务和分支机构覆盖区域数量、国际数据交易开展情况，衡量数据交易场所的区域辐射水平。

在行业带动方面，主要依据数据交易场所行业专区开设、活跃数据供需主体、行业覆盖等情况，衡量数据交易场所对行业转型发展的带动作用。

在跨区域生态集聚方面，主要根据各类数商注册地信息、专注的行业领域情况，衡量数据交易场所对各类、各地数商的吸聚能力水平。

在创新引领方面，主要从制度、业务和交易模式维度考虑，包括数据登记存证、数据价格认定、数据资产入表等制度或业务创新，个人数据交易以及跨地区、跨行业、跨国境的数据交易规则或模式创新，重点以"首创""首个"为衡量标准。

（2）指标体系建立

基于上述指标建立依据，"数据交易场所发展指数1.0"共设置发展环境指数、基础支撑指数、市场交易指数、生态构建指数、辐射影响指数5个一级指标、18 个二级指标、50 余个三级指标。

"数据交易场所发展指数 1.0"一览表如表 3-1 所示。

表 3-1 "数据交易场所发展指数 1.0"一览表

一级指标	二级指标	指标解释
发展环境指数	政策环境指数	从顶层设计、专项政策、支持举措等维度综合衡量数据交易场所所在地对数据要素市场建设的政策引导力度
	制度环境指数	聚焦数据产权、流通交易、收益分配、安全治理四大基础制度，综合评估数据交易场所所在地数据基础制度的完善性
	数据环境指数	综合评估数据交易场所所在地公共数据、产业数据供给水平
	监管环境指数	综合评估数据交易场所所在地数据流通交易监管制度建设情况
基础支撑指数	运营指数	基于数据交易场所营收情况，综合评估其可持续运营能力
	规则指数	聚焦场内数据交易前、交易中、交易后全环节，综合评估数据交易场所相关规则制度建设的完整性
	设施指数	聚焦数据交易场所交易网站、交易场所，综合评估其支撑数据流通交易的基础设施的完备性、易用性
	服务指数	综合评估数据交易场所数据流通交易全链条服务整合能力和服务质量水平
	风控指数	从数据安全、资金安全等方面，综合评估数据交易场所数据交易风险防控能力
市场交易指数	产品供给指数	从行业覆盖、上架总量等方面，综合评估数据交易场所数据产品和服务供给能力
	交易活跃指数	从单价、频次、金额等方面，综合评估场内数据交易市场的活跃情况
	供需匹配指数	综合评估数据交易场所推动供给、需求转化为交易订单的供需匹配能力
生态构建指数	数据供需主体指数	综合评估数据交易场所入驻供需主体规模及活跃水平
	数据商指数	综合评估数据交易场所入驻数据商主体规模及活跃水平
辐射影响指数	区域辐射指数	综合评估数据交易场所数据交易业务对全国乃至国外覆盖、辐射能力
	行业带动指数	综合评估数据交易场所对行业的覆盖及带动能力
	生态集聚指数	综合评估数据交易场所对不同地区、不同领域数据商的集聚能力
	创新引领指数	综合评估数据交易场所对数据流通交易规则、制度、模式创新的贡献情况

资料来源：中国信息通信研究院。

（3）指标计算方法

"数据交易场所发展指数 1.0"的三级指标根据数据交易场所及其所在地实际情况制定。这些指标基于实际信息或数值，对数据进行标准化处理，并按照 3 分制进行赋值。对于指标数据采用"是 / 否"判断的，按照"是"得 3 分，"否"得 0 分处理。对于指标数据为量化数值的，根据数值大小给予 0 分、1 分、2 分、3 分赋值。

二级指标是由其对应的三级指标分值加权求和获得，计算公式如下：

$$二级指标 = \sum_{i=1}^{n} 三级指标_i \times 权重_i$$

一级指标是由其对应的二级指标分值加权求和后，按照 100 分制调整后计算获得，计算公式如下：

$$一级指标 = \frac{\sum_{i=1}^{m} 二级指标_i \times 权重_i}{\sum_{i=1}^{m} 二级指标满分_i \times 权重_i} \times 100$$

最后，基于一级指标加权求和后，获得数据交易场所发展指数值，计算公式如下：

$$数据交易场所发展指数 = \sum_{i=1}^{5} 一级指标_i \times 权重_i$$

其中，一级、二级、三级指标之间的相对权重采用基于专家打分的层次分析法（APH）获得。

2. 推动数据交易场所高质量发展的建议

中国信息通信研究院发布的《数据交易场所发展指数研究报告（2024 年）》指出，为推动数据交易场所高质量健康发展，促进数据要素合规有序流通，释放数据要素乘数效应，可在全国范围内开展数据交易场所发展指数评估，摸清数据交易场所发展"底数"。同时，基于评估结论，有针对性地探寻数据交易场所应对各项挑战和问题的有效路径，促进国家、地方、交易场所协同发力，开创场内数据交易新局面。

研究报告提出了以下几点建议。

（1）体系构建，推动建立数据交易场所发展评估机制

建立常态化指数评价机制。建议建立国家、省（自治区、直辖市）、数据交易场所三级联动的数据交易场所发展指数数据采集、评估、发布机制，通过指数评估，以量化方式全面准确掌握数据交易场所现状和发展态势，为政策制定、数据交易场所布局优化等提供支撑，通过发布半年、年度评估报告，促进数据交易场所互鉴学习。鼓励各地结合本地特色，在数据交易场所发展指数基础上，进行特色化调整，制定本地相关指数，为开展数据交易场所管理工作提供支撑。结合国家最新政策布局、我国数据交易场所所处发展阶段特点和重点工作变化情况，定期对数据交易场所发展指数进行权重优化、指标调整，以确保数据交易场所发展指数的科学性、客观性、针对性等。

（2）以评促统，加快数据交易制度和体系统筹建设

建议尽快启动全国层面数据交易场所发展评估工作。基于评估结论，一是推进数据交易基础制度和监管规则建设。系统分析"数据二十条"落地实践和各地数据流通交易规则的应用成效，在此基础上进行总结提炼，综合各方意见建议，推进数据流通和交易制度建设，出台有关指导意见，进一步细化和明确场内、场外数据交易关系以及场内数据交易下一步实践探索方向，分类分级引导数据资源有序向场内、场外合理分流。出台数据交易场所管理办法，确定数据交易场所设立、变更、中止条件和程序，规范数据交易场所经营行为，明确监管主体、监管对象、监管内容和监管方式等，确保市场主体的合规性和监管的一致性，并避免数据交易场所盲目无序建设。

二是构建多层互联的场内数据交易体系，综合评估各地数据交易场所发展能级和辐射能力，基于评估结果，结合算力资源分布以及各交易场所业务特点，平衡区域布局，遴选有基础、有条件的数据交易场所，培育国家级数据交易所，发展一批专注特定行业领域的行业性数据交易场所，促进区域性数据交易场所

健康发展，实现数据交易场所差异化定位、协同化发展。基于数据交易场所互联互通现状和地方性标准建设与应用情况，加快建立统一标准、统一规范，引导各交易场所加强平台互通，开展凭证互认，降低企业跨区域数据交易成本，提高数据资源的配置效率，实现优势互补和协同发展，支撑统一大市场建设。

（3）以评促建，引导当地数据交易场所特色创新发展

各地数据交易场所应结合省情实际，定期开展数据交易场所发展指数评估工作，将国家和本地评估结果纳入交易场所考核体系，并作为数据交易制度建设和发展举措实施的重要依据。

①建立地方数据交易制度与监管框架

基于评估结论，结合地方经济发展情况和数据资源特点制定和优化数据交易管理办法和监管制度，包括但不限于数据交易流程、交易规则、数据质量标准、数据安全保护等规范数据交易行为，确保国家政策在地方层面的有效落地。有针对性推进各环节地方性标准规范建设，引导数据交易机构按照统一标准开展业务，促进数据有序高效流动。

②推动数据交易场所合理布局、特色发展

基于国家评估结论，结合地方经济发展和数字化转型需求，合理规划数据交易发展路线图，审慎建立数据交易场所，避免盲目跟风和重复建设。综合国家和本地评估结论，剖析本地数据交易场所的发展优势和特色，并据此加强行业指导和统筹协调，促进数据交易场所错位发展，形成差异化竞争优势，避免同质化竞争和资源浪费。

③加大扩需求优供给精准发力

聚焦评估发现的数据交易薄弱部位和短板环节，精准制定引导政策和支持举措，有效推动地方政府部门、央企国企、民营企业等更多主体参与数据交易，增强公共数据和非公共数据供给，提高各类主体对数据价值的认识和利用能力，推动数据交易供给和需求同步增长。

（4）以评促进，全面提升数据交易场所平台纽带功能

各地数据交易场所采用自评或第三方评估的方式，开展发展指数评估，通过对自身的"剖析"与"透视"，不断完善规则体系、优化发展策略、创新发展模式，推动场内数据交易不断升级。

①健全交易场所规则体系

基于评估结果，发现数据交易场所规则体系的建设短板，加快推进主体准入与管理、质量审核、合规审核、产品登记、交易实施、交易标的交割、争议仲裁、风险管控等各环节规则建设和优化，构建低成本、高安全、低摩擦的规则体系。

②优化交易场所化发展策略

基于评估结果，系统分析数据交易场所成本投入方向与主要营收来源，结合数据交易场所发展定位和主要职能，在兼顾数据交易领域拓展的同时，将更多精力放在高活跃、高潜力以及本区域特色优势领域，并不断优化业务发展策略和收费策略，丰富数据资产融资、数据资产入表等增值服务，不断扩大数据交易平台合理收入，提升可持续运营能力。

③创新交易场所数据供需匹配模式

基于评估结果，深入分析数据供需匹配存在的痛点问题，选用人工智能大模型、大数据等先进适用技术，基于用户画像，开发数据智能匹配、智能推荐、智能撮合等应用，促进供需双方的信息沟通和交流，降低交易成本，提高交易效率。基于数据产品交易热度，剖析数据产品沉寂原因。针对仍有市场潜力的数据产品群，制定与对应客户群体特征相匹配的定价和营销策略，针对已不能满足市场需求的数据产品，引导供给方结合市场趋势，对产品进行优化提升，提升数据供需匹配度。

第四章

数据资产入表：企业财报的新篇章

"数据二十条"提出，要"建立保障权益、合规使用的数据产权制度"、要"建立合规高效、场内外结合的数据要素流通和交易制度"、要"建立体现效率、促进公平的数据要素收益分配制度"、要"建立安全可控、弹性包容的数据要素治理制度"。《企业数据资源相关会计处理暂行规定》是"数据二十条"的具体落地措施。《暂行规定》指出，"企业应当采用未来适用法执行本规定，本规定施行前已经费用化计入损益的数据资源相关支出不再调整"。

《暂行规定》的出台，为数据资源以数据资产的形式计入企业资产负债表提供了路径。

2023年12月，财政部印发《关于加强数据资产管理的指导意见》，指出："数据资产，作为经济社会数字化转型进程中的新兴资产类型，正日益成为推动数字中国建设和加快数字经济发展的重要战略资源。"

截至2024年6月3日，共有18家A股上市公司在2024年第一季度资产负债表中对数据资源进行了披露，涉及总金额1.03亿元。截至2024年9月2日，共有54家A股上市公司在半年度资产负债表中披露数据资源，金额总计41.93亿元。披露公司数量较一季度增长200%，总金额增加约39.71倍。

第一节　数据资产，企业财报的新宠

《暂行规定》具有重要意义。在国家层面，它既可直面数字经济，推动数据财政体系构建；也可促进数据流通利用，推动数字产业化与产业数字化进程，充分释放数据要素新质生产力。在企业层面，它将信息化建设费用由损益类变为资产类（符合资产确认条件时），可减少投入期对企业利润的一次性影响；入表后，数据要素价值及其对企业财务状况的贡献得以借助报表呈现，企业（尤其是互联网公司）的财报数据不再"失真"；此外，数据资源以数据资产的形式入表还能显著提升企业整体估值。

> 品 【看一看】
>
> ◆ COSMOPlat是海尔集团研发的工业互联网平台。COSMOPlat通过连接产品、设备、传感器等物联网节点，自动采集企业生产经营活动产生的研发、采购、生产、物流、销售、人力资源和财务等各环节的数据，以及用户行为数据、设备运行数据。该平台利用大数据分析技术实现单件小批量的柔性化和大规模定制化生产，在优化工艺流程、提升生产效率的同时实现产品智能升级，并为用户提供更具个性化的智慧生活服务及问题解决方案。
>
> ◆ 贝壳找房作为数据驱动的新居住服务平台，依靠业务员对线下交易的人、房、客信息进行数据采集，将覆盖中国332个城市约2.26亿处房产、450万张景观照片和1 020万栋建筑物的真房源数据进行数字化存储，形成住宅数据库（"楼盘字典"），并通过每日实时更新海量真房源和新价格，实现房产交易中人、房、客数据交互流程的标准化、数字化和智能化；同时，利用智能扫描设备研发、VR场景构建算法和三维重建等数字化分析技术，打造VR房源应用场景，从而精准连接供需两端，全方位提升用户在购买新房和二手房售卖、

　　租赁、装修及社区服务等居住场景中的服务体验。

◆ 上海浦东新区政府部门依托"政务云"项目，基于构建的浦东新区政务信息资源目录体系，将相关委办局采集、核准及提供的海量政务数据构建形成基础数据库和各类业务专题数据库，并进一步通过对数据进行加工、挖掘、分析和可视化监管，实现政务数据的全生命周期管理和共享交换。该项目通过数据的跨部门协同共享与整合，显著提升了公共管理和政务服务水平。

一、《暂行规定》生效后的变革

1.《暂行规定》出台的背景

　　党的十八大以来，数据资源作为推动数字经济发展的核心要素，其价值和作用日益凸显。2021 年 12 月，国务院《"十四五"数字经济发展规划》提出，"坚持以数字化发展为导向，充分发挥我国海量数据、广阔市场空间和丰富应用场景优势，充分释放数据要素价值，激活数据要素潜能，以数据流促进生产、分配、流通、消费各个环节高效贯通，推动数据技术产品、应用范式、商业模式和体制机制协同创新"。

　　2022 年 12 月，"数据二十条"提出四大类数据基础制度体系。2023 年 10 月，国家数据局正式揭牌，数字经济、数据要素已上升到国家战略高度。

　　《暂行规定》出台之前，由于缺乏明确的会计规范指导和信息披露要求，企业尤其是上市公司在数据资源及其价值管理中面临诸多困难和挑战。《暂行规定》是落实党中央、国务院关于发展数字经济决策部署的具体举措，旨在积极推动产业数字化和数字产业化，引导企业加强数据资源规范管理。

2.《暂行规定》制定的思路

　　欧洲财务报告咨询组（EFRAG，2021）认为，自创无形资产长期未能"入表"反映的问题,有四种可供选择的解决方案:自创无形资产的支出全部资本化;对自创无形资产的确认设置门槛,达到规定门槛即可确认为无形资产;持续评估,符合条件即可确认为无形资产;支出全部费用化。

《暂行规定》在处理数据资源能否"入表"以及如何"入表"的会计问题上,主要采纳了第二种方案,设置确认门槛。即通过设定明确的标准,使企业重要的数据资源能够在财务报告中反映,同时避免对会计准则体系造成冲击。这样既考虑了企业数据资产入表的需求,又维护了既有财务报告框架的稳定,是一种渐进式策略。

面对数据资产入表带来的诸多复杂因素,《暂行规定》遵循现行准则、细化核算指引,为成本构成、估值方法和使用寿命估计等重点问题提供详细指引;同时明确适用范围、规范数据资源,在当前阶段仅规范适用于三类特定数据资源(按照企业会计准则可确认为无形资产、存货的数据资源,以及企业合法拥有或控制、预期能带来经济利益、但目前不符合资产确认条件而未确认为资产的数据资源),其他数据资源暂不予以确认;并按照务实和可持续发展的思路,最大程度推进数据资源的会计处理和信息披露的落实。

3.《暂行规定》生效后的变革

《暂行规定》的实施,增强了国家的数字经济治理能力,即海量的数据信息价值得以释放,要素价值充分显现;相关部门借助技术手段,有效了解数据的流转模式,建立统计和决策体系,科学制定相关政策。

《暂行规定》的全面实施和企业数据资源入表,增强了企业竞争力,优化了资产结构,促进了企业在数据加工领域的投入。对于数据来源者而言,其所拥有的各类原始数据,仅收集而未进行数据处理的,不能享有相关数据权益。企业对数据产品进行投资的,享有数据产品经营权。合法持有的数据,持有者必须经过付出,包括但不限于创新性劳动、人力、物力、投资等,所产生的收益才能归持有者所有。

二、数据资产入表的财务魔法

1.数据资产入表的基本原则：经过"付出"的数据资源才能入表

当市场交易存在成本时，如果初始的权利界定不当，很可能影响资源的最终配置并带来社会福利损失（Coase，1960）。龚强等（2022）认为，依据数据的"场景专用性"特点，基于不完全契约理论，数据交易存在"数据安全"与"数据流通"的悖论，数据资产的交易要从传统的"数据所有权交易"转变为"数据使用权交易"。

"数据二十条"在"（三）探索数据产权结构性分置制度"中明确，"建立数据资源持有权、数据加工使用权、数据产品经营权等分置的产权运行机制"。这体现了"谁持有谁受益、谁加工谁受益、谁投入谁受益"的数据资产权利原则，而且"加工"和"投入"的受益权高于持有的受益权，有效促进了数据资源的转化和价值实现。《暂行规定》作为中央政策的落地措施，加速了这一过程。

（1）经过"加工"的数据资源可计入资产负债表

LaValle等（2011）研究发现，经过分析的数据能够指导企业的商业行为进而创造数据价值。按照《暂行规定》，企业通过形成生态系统、提升市场知名度和建立良好的商业信誉，可以实现数据的衍生性商业价值。根据"数据二十条"，企业为数据的收集、处理及产品化而直接发生人力资源、资金、知识产权、算法、算力等投入的，以及为维护产品数据运行和安全而投入资金及人力的，享有数据加工使用权。这类数据资源应列为数据资产，在资产负债表中列报。

> **【案例4-1】微信数据计入谁的资产负债表**
>
> 经营者在原始数据基础上开发处理的经营性成果应享受相关权益。这些数据产品通过建立信息共享和服务，维持用户流量和用户黏性，从而具有场景感知性。
>
> 在上海市浦东新区人民法院（2020）沪0115民初15598号民事判决书中，

法院就深圳市 TX 计算机系统有限公司、TX 科技（深圳）有限公司与哈尔滨 QF 科技有限公司（以下简称 QF 公司）等之间的不正当竞争纠纷案件作出判决。

根据判决书的记载，本案的争议焦点部分"一、涉案被诉行为是否构成不正当竞争"之"（一）关于两原告主张 QF 公司组织、诱导微信公众号广告刷量交易，帮助微信公众号运营者实施流量作弊的行为"中"1、广告刷量行为构成虚假宣传不正当竞争"指出，"互联网经济是注意力经济，用户注意力体现为用户数量以及用户所浏览页面数量等相关数据指标亦即流量，流量越高则意味着更高的关注度和更大的财产价值。"

QF 公司是蚂蚁平台的运营商，其主营业务模式是为网络用户之间的刷量交易提供平台服务。

判决书"两原告主张的事实和理由"部分指出，被告"通过蚂蚁平台提供'推广工具'功能，帮助用户一键采集、编辑、分享、传播微信公众号文章内容，窃取微信公众号广告的正当交易机会，宣传推广蚂蚁平台"。

判决书"本院认定事实"部分"四、两原告指控的被告 QF 公司不正当竞争行为（三）通过蚂蚁平台向用户提供'推广工具'功能"中，证据《（2020）沪卢证经字第 256 号公证书》记载，"用户选择微信中文章后，推广工具将一键采集微信公众号文章的文字、图片、排版格式、超链接（不包括原文中的微信公众号广告、打赏作者、用户留言等），自动在文章首尾强制嵌入含有蚂蚁平台注册下载二维码和用户邀请码的宣传图片。用户可对采集后的文章内容进行删除编辑；编辑后点击分享按钮，编辑后的文章即被发布到'mayi.shantuibao.cn'网站上，支持一键分享至微信好友、微信朋友圈、微信收藏。"

判决书"判决"部分指出，"一、被告哈尔滨 QF 科技有限公司于本判决生效之日起立即停止实施涉案不正当竞争行为。"

法院认为，"两原告为研发、推广和运行微信服务付出了巨大的人力、物力和财力，目前微信平台已形成拥有庞大用户群体的微信生态系统，具有较高的市场知名度和良好的商业信誉，两原告由此获得网络用户注意力和与此相关的正当商业利益及竞争优势应当受到法律保护。"

品【案例 4-2】微博数据计入谁的资产负债表

北京海淀区人民法院（2017）京 0108 民初 24512 号民事判决书《北京 WMCK 网络技术有限公司与 YZL 网络科技（北京）有限公司不正当竞争纠纷一审民事判决书》认为，在当前的市场环境下，数据已经逐渐成为经营者，尤其是互联网经营者之间相互竞争的基础性资源。经营者获得数据意味着可据此进行分析并改进、完善产品功能，从而获得更多的经营利益。

当经营者为收集、整理数据，以及维护其互联网产品中的数据运行和安全而付出成本，且该种数据整体上可为经营者进行衍生性利用或开发从而获得进一步的经营利益时，其他经营者未经许可擅自抓取且使用平台数据的行为，可以在反不正当竞争法的范围调整权益关系。

北京 WMCK 网络技术有限公司明确其在本案中主张的涉案数据指十五类明星微博动态数据，具体包括：明星微博在线状态、明星在线时间、明星发微博、明星转发微博、明星关注他人、明星空降超级话题、明星上热门话题、明星上热门微博、明星上热搜、A 明星赞了他人微博 /B 明星、明星被他人赞、A 明星评论他人微博 /B 明星、明星被他人评论、A 明星被 B 明星在微博中提到、A 明星被 B 明星关注；同时指出，涉案数据均属于新浪微博后端数据。北京 WMCK 网络技术有限公司投入了人力物力等大量成本形成并保护涉案数据，涉案数据是其核心资产。

北京 WMCK 网络技术有限公司（新浪微博运营公司）所主张的涉案数据虽来源于微博用户数据，但并非零散且相对独立的数据简单集合，而是进行了数据安全保护等加工后形成的数据。

（2）具有创新性劳动的数据资源可计入资产负债表

"数据二十条"在"（七）建立健全数据要素各参与方合法权益保护制度"中明确，"充分保护数据来源者合法权益，推动基于知情同意或存在法定事由的数据流通使用模式，保障数据来源者享有获取或复制转移由其促成产生数据的权益。合理保护数据处理者对依法依规持有的数据进行自主管控的权益""保护经加工、分析等形成数据或数据衍生产品的经营权，依法依规规范数据处理者许可他人使用数据或数据衍生产品的权利，促进数据要素流通复用"。

> **⊞【案例 4-3】数据库计入谁的资产负债表**
>
> 济南 B 信息有限公司（以下简称 B 公司）利用公开的商标公告资料开发了商标信息数据库和查询软件，有偿供用户查询，并对外销售查询系统。
>
> 广东省佛山市中级人民法院（2016）粤 06 民终 9055 号民事判决书《佛山 DR 软件科技有限公司、济南 B 信息有限公司著作权权属、侵权纠纷二审民事判决书》"一审法院认定事实"部分指出，"一审法院认为，本案系汇编作品的著作权侵权纠纷案件""DR 公司抗辩 B 公司的数据库信息来源于商标总局公告的信息，对该数据 B 公司不享有著作权。对此一审法院认为，数据本身不构成作品，不具备独创性，但对数据的选择或编排具有独创性的数据库，可以纳入汇编作品的范围受到著作权的保护，故一审法院对 DR 公司的抗辩理由不予采信"。因此，二审法院对一审法院认定的事实予以确认。
>
> 判决书"本院认为"部分指出，"B 公司对国家商标局商标公告中的商标信息内容进行提取、分类和整理，并对商标标志中所含的文字、数字等进行进一步提取和整理，同时还对商标信息后续的变更情况进行汇总，加入自定义的字段信息等。B 公司对商标数据的编排和整理体现出独创性，B 公司的涉案数据库构成汇编作品，可受著作权法保护，B 公司对涉案数据库享有著作权。"
>
> 二审法院最终判决，"驳回上诉，维持原判。"

【案例 4-4】"生意参谋"数据产品计入谁的资产负债表

根据浙江省杭州市中级人民法院（2018）浙 01 民终 7312 号民事判决书《安徽 MJ 信息科技有限公司、TB（中国）软件有限公司商业贿赂不正当竞争纠纷二审民事判决书》的记载，一审法院认为，本案的主要争议焦点之一是"TB（中国）软件有限公司（以下简称 TB 公司）对于'生意参谋'数据产品是否享有法定权益"。

一审法院指出，"'生意参谋'数据产品将巨量枯燥的原始网络数据通过一定的算法过滤，整合成适应市场需求的数据内容，形成大数据分析，并直观地呈现给用户，能够给用户全新的感知体验，已不是一般意义上的网络数据库，而成为网络大数据产品。"

一审法院认为，"涉案'生意参谋'数据产品中的数据内容虽然来源于原始用户信息数据，但经过 TB 公司的深度开发已不同于普通的网络数据。"同时指出，"随着互联网科技的迅猛发展，网络大数据产品虽然表现为无形资源，但可以为运营者所实际控制和使用，网络大数据产品应用于市场能为网络运营者带来相应的经济利益。随着网络大数据产品市场价值的日益凸显，网络大数据产品自身已成为了市场交易的对象，已实质性具备了商品的交换价值。对于网络运营者而言，网络大数据产品已成为其拥有的一项重要的财产权益。另一方面，网络数据产品的开发与市场应用已成为当前互联网行业的主要商业模式，是网络运营者市场竞争优势的重要来源与核心竞争力所在。本案中，'生意参谋'数据产品中的数据内容系 TB 公司付出了人力、物力、财力，经过长期经营积累而形成，具有显著的即时性、实用性，能够为商户店铺运营提供系统的大数据分析服务，帮助商户提高经营水平，进而改善广大消费者的福祉，同时也为 TB 公司带来了可观的商业利益与市场竞争优势。'生意参谋'数据产品系 TB 公司的劳动成果，其所带来的权益，应当归 TB 公司所享有。"

二审法院经审理最终判决，"驳回上诉，维持原判。"

按照《暂行规定》，经过提取、分类和整理，编排体现出独创性的创新性劳动加工后的数据，应列为数据资产，在资产负债表中列报。

（3）持续投资和并购的数据资产可列入资产负债表

根据"数据二十条"，企业对数据产品进行投资的，享有数据产品经营权。数据产品的选择、组织和呈现方式具有个性化特性，能够形成用户依赖，并具有场景感知性。

【案例 4-5】客户路径依赖计入谁的资产负债表

根据上海市高级人民法院（2017）沪民终 39 号民事判决书《WD 信息技术股份有限公司、南京 WD 资讯科技有限公司等著作权权属、侵权纠纷二审民事判决书》的记载，上诉人 WD 信息技术股份有限公司（以下简称上海 WD 公司）、南京 WD 资讯科技有限公司（以下简称南京 WD 公司）与上诉人浙江 THS 网络信息股份有限公司（以下简称 THS 公司）因侵害著作权及不正当竞争纠纷一案，不服上海市第一中级人民法院一审民事判决，向本院提起上诉。

一审法院认为，双方当事人在诉讼中形成的争议之一是"THS 公司是否侵害上海 WD 公司竞争权益"。在该部分"（二）系争模仿是否有违商业伦理——1.WD 产品能否赋予上海 WD 公司竞争利益——其二，WD 产品具备个性化特征"中，一审法院指出，"作为金融信息服务的终端产品，WD 产品的核心是指标体系。WD 指标体系中虽然包括了股票、期货、债券等常见指标，但上海 WD 公司在海量指标中选择出了特定指标，并按照自己的方式组织、编排，从而形成了 WD 独有的指标体系，没有证据显示 WD 指标体系与同类产品的指标体系雷同。在这个独有的指标体系基础上，形成了特有的报表体系，进而衍生出特有的模块，这些最终导致了与其相关的页面呈现的独特性，赋予了 WD 产品个性化特点。"

WD 产品问世较早，且曾获得较高的市场占有率，故上海 WD 公司对金融数据的选择、组织和呈现方式会在一定程度上培养出用户习惯，而在后产品争夺客户有时候则取决于用户作别已有习惯的决心，故派生于产品呈现方式的用户习惯在这里成为了一个宝贵的竞争因素。此外，WD 产品设计了 Excel 插件，通过赋予指标特定的公式，使得金融信息可以导入 Excel 表格进行运算。这些都是上海 WD 公司在诉讼中强调客户路径依赖的原因所在。

一审法院经审理判决 THS 公司于判决生效之日立即停止制作、销售、许可他人使用抄袭 WD 产品。

二审法院经审理查明，一审法院查明的事实属实，并作出"驳回上诉，维持原判"的判决。

在持续经营过程中，派生于产品呈现方式的用户习惯而形成的客户路径依赖，主体具有数据产品经营权。按照《暂行规定》，其应列为数据资产，在资产负债表中列报。

【案例 4-6】点评信息计入谁的资产负债表

根据上海知识产权法院（2016）沪 73 民终 242 号民事判决书《北京 BD 网讯科技有限公司与上海 HT 信息咨询有限公司其他不正当竞争纠纷二审民事判决书》的记载，上诉人北京 BD 网讯科技有限公司（以下简称 BD 公司）因不正当竞争纠纷一案，不服上海市浦东新区人民法院一审民事判决，向本院提起上诉。

一审法院在本案争议焦点"一、关于 BD 公司使用大众点评网点评信息是否构成不正当竞争——（三）BD 公司的行为是否具有不正当性"部分指出，"Robots 协议只涉及搜索引擎抓取网站信息的行为是否符合公认的行业准则的问题，不能解决搜索引擎抓取网站信息后的使用行为是否合法的问题。本案中，BD 公司的搜索引擎抓取涉案信息并不违反 Robots 协议，但这并不意味着 BD 公司可以任意使用上述信息，BD 公司应当本着诚实信用的原则和公认的商业道德，合理控制来源于其他网站信息的使用范围和方式。BD 公司拥有强大的技术能力及领先的市场地位，若不对 BD 公司使用其他网站信息的方式依法进行合理规制，其完全可以凭借技术优势和市场地位，以极低的成本攫取其他网站的成果，达到排挤竞争对手的目的。"未经许可使用或利用数据时应遵循"最少、必要"原则，兼顾数据互联互通和多方主体的利益，超出必要限度的数据爬取、利用行为会破坏正常的产业生态，造成负面影响，损害消费者利益。

该部分同时指出，"市场经济鼓励市场主体在信息的生产、搜集和使用等方面进行各种形式的自由竞争，但是这种竞争应当充分尊重竞争对手在信息的生产、搜集和使用过程中的辛勤付出。对涉及信息使用的市场竞争行为是否具有不正当性的判断应当综合考虑以下因素：涉案信息是否具有商业价值，能否给经营者带来竞争优势；信息获取的难易程度和成本付出；对信息的获取及利用是否违法、违背商业道德或损害社会公众利益；竞争对手使用信息的方式和范围。"

一审法院分析认为，"大众点评网的点评信息是 HT 公司的核心竞争资源之一，能给 HT 公司带来竞争优势，具有商业价值""HT 公司为运营大众点评网付出了巨额成本，网站上的点评信息是其长期经营的成果""在靠自身用户无法获取足够点评信息的情况下，BD 公司通过技术手段，从大众点评网等网站获取点评信息，用于充实自己的 BT 地图和 BT 知道。此种使用方式，实质替代大众点评网向用户提供信息，对 HT 公司造成损害"。同时指出，"BT 公司并未对于大众点评网中的点评信息作出贡献，却在 BT 地图和 BT 知道中大量使用了这些点评信息，其行为具有明显的搭便车、不劳而获的特点"。

一审法院经审理判决 BD 公司于判决生效之日起立即停止以不正当的方式使用 HT 公司运营的大众点评网的点评信息。

二审法院经审理查明，一审法院认定事实属实，予以确认。

2.数据资产入表助力企业竞争力增强：每日互动半年报解读

企业推动数据资产入表的原因很多，包括顺应数字化转型的浪潮、响应国家政策、扎扎实实做数据业务，以及企业普遍关注的增强竞争力。

每日互动股份有限公司（以下简称每日互动）是一家上市公司，其主要业务包括提供开发者服务、精准营销服务和垂直领域的大数据服务。公司作为国内第三方推送市场的早期进入者，在为开发者提供服务的同时，持续合规积累了十余年的海量数据，为数据智能业务的拓展建立了稳固的根基。

2012 年，该公司开始面向移动开发者提供专业的手机推送解决方案——"个推 SDK"，并在此基础上，不断丰富开发者服务产品矩阵，推出个验 SDK、用户运营 SDK、OneID SDK 等产品，为客户提供便捷、稳定的技术服务与智能运营解决方案。

SDK（Software Development Kit）即软件开发工具包。它可以为开发者提供建立应用软件时所需的开发工具集合，包括库文件、API 接口、实用工具、文档和示例代码等。

每日互动原始数据主要来源于开发者服务，这些数据资源是在用户授权同意的前提下合法收集的。形成的数据资源涵盖设备信息、网络信息、场景信息及 App 特征等多个维度。截至 2024 年上半年，公司开发者服务 SDK 累计安装量突破 1 100 亿次，智能物联网设备 SDK 累计安装量超 3.7 亿次，SDK 日活跃独立设备数（去重）超 4 亿次。

随着行业进入大模型时代，作为数据智能行业率先上市的公司之一，每日互动在第一时间接入 ChatGPT、文心一言、ChatGLM、DeePSeeK、通义千问等国内外通用大模型，结合自身的数据积累和挖掘能力以及对特定行业的深刻洞察，开发出垂直场景类大模型应用，并将其应用于商业营销和公共服务领域。

2024 年上半年，每日互动聚焦数据智能赛道，坚持"让数好用，把数用好"——让数据容易被用且合法合规地被用，让数据使用的效果好、结果好，持续增强在"数据要素 ×"和"人工智能 +"领域的核心竞争力。

每日互动 2024 年的半年报显示（见图 4-1），每日互动数据资源总计约为 2 333.31 万元，全部计入无形资产科目。相较于一季报中的 1 283.69 万元，增长了 81.77%。

（2）确认为无形资产的数据资源

单位：元

项目	自行开发的数据资源无形资产	合计
一、账面原值		
1. 期初余额	0.00	0.00
2. 本期增加金额	26 826 557.93	26 826 557.93
内部研发	26 826 557.93	26 826 557.93
3. 期末余额	26 826 557.93	26 826 557.93
二、累计摊销		
1. 期初余额	0.00	0.00
2. 本期增加金额	3 493 504.03	3 493 504.03
3. 本期减少金额	0.00	0.00
4. 期末余额	3 493 504.03	3 493 504.03
三、减值准备		
1. 期初余额		
2. 本期增加金额		
3. 本期减少金额		
4. 期末余额		
四、账面价值		
1. 期末账面价值	23 333 053.90	23 333 053.90
2. 期初账面价值	0.00	0.00

图 4-1　每日互动 2024 年上半年无形资产——数据资源增减情况

资料来源：每日互动 2024 年半年报。

每日互动 2024 年半年报披露，无形资产——数据资源按成本进行初始计量，使用寿命 5 年，摊销方法采用加速摊销法。具体如图 4-2 所示。

29. 无形资产

（1）使用寿命及其确定依据、估计情况、摊销方法或复核程序

　　1. 无形资产包括土地使用权、专利权及非专利技术、自研操作系统和数据资源等，按成本进行初始计量。

　　2. 使用寿命有限的无形资产，在使用寿命内按照与该项无形资产有关的经济利益的预期实现方式系统合理地摊销，无法可靠确定预期实现方式的，采用直线法摊销。具体年限如下：

项目	使用寿命及其确定依据	摊销方法
土地使用权	土地使用年限（50 年）	直线法
著作权、专利权及商标权等资产组	10 年	直线法
管理软件	5 年	直线法
自研操作系统	5 年	直线法
数据资源	5 年	加速摊销法

图 4-2　每日互动无形资产——数据资源计量与摊销

资料来源：每日互动 2024 年半年报。

　　如每日互动 2024 年半年报披露，该公司的无形资产——数据资源上半年计入资产负债表约 2 682.66 万元，摊销 349.35 万元，期末余额 2 333.31 万元。无形资产——数据资源入表的披露，有力增强了投资者信心及企业竞争力。

第二节　数据资产入表的会计过程、影响与挑战

　　截至 2024 年 6 月 30 日，三大电信运营商已全部完成数据资产入表工作。中国电信数据资产入表规模最大，为 1.05 亿元，列入开发支出项；中国联通次之，为 8 476.39 万元，列入开发支出项；中国移动有 7 000 万元数据资产入表，在开发支出、无形资产类目下分别列入 4 100 万元和 2 900 万元。数据资产入表可以更准确地反映企业价值，优化数据资源配置，提升决策效率与准确性，也有助于企业增强融资能力。

　　根据《企业会计准则——基本准则》第二十条和第二十一条，一项现实资

源要被确认为会计资产并记录在财务报表中，需要满足三个条件：一是由企业拥有或控制，二是很可能导致经济利益流入企业，三是价值能够可靠计量。判断数据是否满足了这三个条件，是其能否作为资产入表的前置性问题。实践中，有些数据资源可能因不符合资产的定义而不能入表，或者虽然符合资产的定义但不满足资产入表的三个条件，也不能作为资产入表。

一、数据资产入表如何帮助企业优化财务结构

1.数据资产入表的会计过程：确认、计量和报告

向财务报告使用者提供有助于其做出决策（如与公司股票、债券买卖相关的决策）的信息，是目前财务报告的核心目标。这一目标为数据资源能否入表提供了理论依据。

数据资源进入会计报表的前提是满足会计准则中"资产"的定义。数据资产入表的过程为会计确认、会计计量和财务报告。

（1）会计确认

数据资源确认为数据资产的关键条件是符合资产定义，以及其成本或价值能够可靠计量。

要确认一项数据资源项目，先要识别企业拥有或控制的某项资源是否符合数据资源的定义。《暂行规定》尚未明确数据资源的定义，对此企业需充分考虑如何辨认数据资源。数据常以字符或者数字的形式存储于计算机硬盘、服务器等介质中，并作为某些软件的组成部分。这种电子化的表现形式模糊了数据资源与软件的边界，从而影响数据资源的可辨认性。根据《数据安全法》第三条，"本法所称数据，是指任何以电子或者其他方式对信息的记录。"因此，企业应适当描述数据资源明显区别于其他无形资产的主要特征，并基于此作出恰当的会计处理。

由于数据资源本身的特点，企业在判断某项数据资源是否符合无形资产定义中的可辨认性标准时，可能会存在困难。当前与数据产权相关的法律认定和保护还处于制度建设期，企业可能无法认定自身是否拥有或控制某项数据资源。随着数据持有权、数据加工使用权、数据产品经营权登记等制度的创新和逐步完善，对于数据资源的拥有和控制的判断将更有据可依。数据资源的价值受多种因素影响，且这些因素随时间的推移可能不断变化。这种易变性可能使企业难以判断与其相关的经济利益能否流入企业。

按照《暂行规定》，"企业使用的数据资源，符合《企业会计准则第6号——无形资产》（财会〔2006〕3号，以下简称无形资产准则）规定的定义和确认条件的，应当确认为无形资产""企业应当按照无形资产准则、《〈企业会计准则第6号——无形资产〉应用指南》（财会〔2006〕18号，以下简称无形资产准则应用指南）等规定，对确认为无形资产的数据资源进行初始计量、后续计量、处置和报废等相关会计处理""企业在持有确认为无形资产的数据资源期间，利用数据资源对客户提供服务的，应当按照无形资产准则、无形资产准则应用指南等规定，将无形资产的摊销金额计入当期损益或相关资产成本；同时，企业应当按照《企业会计准则第14号——收入》（财会〔2017〕22号）等规定确认相关收入"。

与无形资产数据资源的确认类似，相比于有形存货，数据资源因其确权复杂、可辨认性弱、价值易变等特点，企业可能较难判断是否拥有或控制某项存货数据资源，以及相关经济利益是否可能流入企业。此外，数据的非实体性、可复制性、可加工性、价值易变性等特点，也使企业难以准确判断数据资源是否存在、数量及成本有多少。

按照《暂行规定》，"企业日常活动中持有、最终目的用于出售的数据资源，符合《企业会计准则第1号——存货》（财会〔2006〕3号，以下简称存货准则）规定的定义和确认条件的，应当确认为存货""企业应当按照存货准则、《〈企业会计准则第1号——存货〉应用指南》（财会〔2006〕18号）等规定，对确认为存货的数据资源进行初始计量、后续计量等相关会计处理""企业出售确认为存货的数据资源，应当按照存货准则将其成本结转为当期损益；同时，企业应当按照收入准则等规定确认相关收入"。

（2）会计计量

《企业会计准则第 39 号——公允价值计量》第七条规定，"以公允价值计量的相关资产或负债可以是单项资产或负债（如一项金融工具、一项非金融资产等），也可以是资产组合、负债组合或者资产和负债的组合（如《企业会计准则第 8 号——资产减值》规范的资产组、《企业会计准则第 20 号——企业合并》规范的业务等）。"同时指出，"企业是以单项还是以组合的方式对相关资产或负债进行公允价值计量，取决于该资产或负债的计量单元。计量单元，是指相关资产或负债以单独或者组合方式进行计量的最小单位。"

然而，数据资源需要累积到一定规模才具有价值，产生价值时的量级阈值难以确定。解决数据资源计量单元问题，需要企业提升数据管理水平，并采用合适的数据标识技术。

按照《暂行规定》，"企业通过外购方式取得确认为无形资产的数据资源，其成本包括购买价款、相关税费，直接归属于使该项无形资产达到预定用途所发生的数据脱敏、清洗、标注、整合、分析、可视化等加工过程所发生的有关支出，以及数据权属鉴证、质量评估、登记结算、安全管理等费用。企业通过外购方式取得数据采集、脱敏、清洗、标注、整合、分析、可视化等服务所发生的有关支出，不符合无形资产准则规定的无形资产定义和确认条件的，应当根据用途计入当期损益。"

现实中，企业的内部数据会随着业务的开展而不断累积。企业在对这些数据进行获取、储存和分析等过程中，会发现其成本的剥离、归集和分摊可能存在困难。

按照《暂行规定》，"企业内部数据资源研究开发项目的支出，应当区分研究阶段支出与开发阶段支出。研究阶段的支出，应当于发生时计入当期损益。开发阶段的支出，满足无形资产准则第九条规定的有关条件的，才能确认为无形资产。"

同样，按照《暂行规定》，"企业通过外购方式取得确认为存货的数据资源，其采购成本包括购买价款、相关税费、保险费，以及数据权属鉴证、质量评估、登记结算、安全管理等所发生的其他可归属于存货采购成本的费用""企业通过数据加工取得确认为存货的数据资源，其成本包括采购成本，数据采集、脱敏、清洗、标注、整合、分析、可视化等加工成本和使存货达到目前场所和状态所发生的其他支出"。

（3）财务报告

按照《暂行规定》，"企业在编制资产负债表时，应当根据重要性原则并结合本企业的实际情况，在'存货'项目下增设'其中：数据资源'项目，反映资产负债表日确认为存货的数据资源的期末账面价值；在'无形资产'项目下增设'其中：数据资源'项目，反映资产负债表日确认为无形资产的数据资源的期末账面价值；在'开发支出'项目下增设'其中：数据资源'项目，反映资产负债表日正在进行数据资源研究开发项目满足资本化条件的支出金额。"

同样，按照《暂行规定》，"对于使用寿命有限的数据资源无形资产，企业应当披露其使用寿命的估计情况及摊销方法；对于使用寿命不确定的数据资源无形资产，企业应当披露其账面价值及使用寿命不确定的判断依据""企业应当单独披露对企业财务报表具有重要影响的单项数据资源无形资产的内容、账面价值和剩余摊销期限"。

此外，《暂行规定》还明确要求，"企业应当按照外购存货、自行加工存货等类别，对确认为存货的数据资源（以下简称数据资源存货）相关会计信息进行披露，并可以在此基础上根据实际情况对类别进行拆分"。

2. 数据资产信息披露

（1）强制性披露

按照《暂行规定》，"企业对数据资源进行评估且评估结果对企业财务报表具有重要影响的，应当披露评估依据的信息来源，评估结论成立的假设前提和限制条件，评估方法的选择，各重要参数的来源、分析、比较与测算过程等信息。"然而，部分企业的相关信息可能属于商业机密，或存在数据产权不清晰、披露成本高昂等问题，难以做到充分披露。

（2）自愿性披露

《暂行规定》同时鼓励企业自愿披露用于形成数据资源的相关原始数据，数据资源的投入情况、应用情况及风险等。按照《暂行规定》，企业可以根据实际情况，自愿披露数据资源（含未作为无形资产或存货确认的数据资源）下列相关信息：

①数据资源的应用场景或业务模式、对企业创造价值的影响方式，与数据资源应用场景相关的宏观经济和行业领域前景等；

②用于形成相关数据资源的原始数据的类型、规模、来源、权属、质量等信息；

③企业对数据资源的加工维护和安全保护情况，以及相关人才、关键技术等的持有和投入情况；

④数据资源的应用情况，包括数据资源相关产品或服务等的运营应用、作价出资、流通交易、服务计费方式等情况；

⑤重大交易事项中涉及的数据资源对该交易事项的影响及风险分析，重大交易事项包括但不限于企业的经营活动、投融资活动、质押融资、关联方及关联交易、承诺事项、或有事项、债务重组、资产置换等；

⑥数据资源相关权利的失效情况及失效事由、对企业的影响及风险分析等，如数据资源已确认为资产的，还包括相关资产的账面原值及累计摊销、减值准

备或跌价准备、失效部分的会计处理；

⑦数据资源转让、许可或应用所涉及的地域限制、领域限制及法律法规限制等权利限制；

⑧企业认为有必要披露的其他数据资源相关信息。

3.数据资产入表的影响

（1）对会计准则的影响

作为社会科学的一部分，会计理论和会计准则的发展具有"环境依赖"的特性，即社会环境和经济环境变化了，会计理论和会计准则需要相应地做出改变。数字化与数字经济的发展带来了诸多新现象和新问题，需要会计理论和会计准则做出相应的改变，这既是会计学科自身属性的要求，也是社会对会计（包括财务报告信息）的期望。

《暂行规定》作为"数据二十条"的落地措施，从入表和披露两个层面对数据资源进行核算和报告，让社会逐渐认识到数据资源的存在及其对经济发展的重要性，为未来更合理地处理数据资源奠定了坚实的基础。

以资产负债表、利润表和现金流量表为核心的财务报告体系，成型于20世纪80年代以制造业为主的时代。随着20世纪末特别是90年代互联网的迅猛发展，我们逐步迈入了数字化时代。数字化时代对会计的挑战是多方面的，尤其是在数据资源与数据资产的会计处理上。这引发了一系列讨论，如资产的特征是否要改变，基于制造业时代的资产特征三要素是否需要修订等。数据资源带来的挑战是全方位的，产权的理论同样需要顺应数字化时代。

（2）对企业盈利的影响

根据《暂行规定》，作为无形资产入表的数据资产主要包括自用和许可两类。企业通过数据处理和使用优化管理决策，以提升盈利能力。例如，互联网购物平台利用所采集的数据勾勒用户画像，并实施精准营销；再如，互联网出行平台深度分析活跃用户数据后，借助物联网优化匹配服务。

自用型数据资产经济利益流入的路径为数据处理分析对企业利润的边际贡献。

许可型数据资产基于许可方式，可进一步类型化为独占许可、排他许可和普通许可。独占许可的许可方不得使用数据资产，其经济利益流入企业的路径是许可方向被许可方收取许可费。排他许可的许可方负有不得再向其他第三方许可使用的义务，但其自身仍可使用该项数据资产，故经济利益流入企业的路径为"自用收益 + 收取许可费"。普通许可的许可方不负有不得再向其他第三方许可使用的义务，且其自身仍可使用该项数据资产，故经济利益流入企业的路径为"自用收益 + 收取许可费"。

《暂行规定》对作为存货确认的数据资产采取了较为严格的界定标准，即唯有买断式数据出售才可纳入其规范之内。

二、企业面临的挑战与应对策略

惠同新材、密尔克卫、华塑股份、晶华新材四家上市公司在各自发布的2024年半年报中，披露了数据资源的相关数据。半年报显示，四家公司将数据资源全部计入了存货。四家公司对存货构成的披露多以原材料等实物资产为主，且并未披露公司有任何数据业务开展，数字资源"入表"相关数据疑似有误。针对这一情况，四家公司相继就2024年半年报中有关数据列示错误发布了更正公告，并重新发布了更正后的半年报。

数据资产入表存在一定的挑战，如企业对数据资产认知有限、对数据资产形成路径理解不足、数据资产会计处理困难、企业数据资产披露规范不明确、专业服务机构对数据资产的认识和理解不足。为了应对这些挑战，基本思路是从分析数据资产的基本概念开始，以数据产品赋能实体经济的运营场景为基础，探讨数据资源开发形成数据资产的路径，进而将其计入资产负债表。

1. 原始数据不能作为数据资源列入资产负债表成为数据资产

企业所持有的或拥有的各类原始数据，仅收集而未进行数据处理的，不能享有相关数据权益。按照《暂行规定》，该类原始数据只能列做数据资源，不能入表。

浙江省杭州市中级人民法院（2018）浙01民终7312号民事判决书指出，"原始网络数据，只是对网络用户信息进行了数字化记录的转换，网络运营者虽然在此转换过程中付出了一定劳动，但原始网络数据的内容仍未脱离原网络用户信息范围，网络运营者对于原始网络数据仍应受制于网络用户对于其所提供的用户信息的控制，而不能享有独立的权利，网络运营者只能依其与网络用户的约定享有对原始网络数据的使用权。"

广州互联网法院（2020）粤0192民初20405号民事判决书指出，"数据作为新的生产要素，是经济社会发展的基础资源和创新引擎。在适用反不正当竞争法对数据权益进行保护时，既要肯定数据收集者的利益，又要考虑新技术运用对数据开放、共享、流通和运用的需求，充分权衡不同主体之间的利益，保障社会利益最大化""用户因注册、浏览、交互式参与等行为而在平台上留下的原始数据，如果平台在数据收集后，没有投入更多的成本将这些数据作为重要资源予以运营和保护，则不宜因平台主张利益就当然对其进行保护，否则将导致数据封闭和数据垄断，不利于数字经济的发展"。在这个案件中，原告方收集的游戏用户的账号信息及参与游戏的相关数据，均属于原始数据。被告方收集这些原始数据的行为，不构成对原告方合法权益的损害。

2. 通过撞库等非法手段获得的数据资源不能入表

数据持有是指持有者依法享有的对数据自主管控、免受不法侵害的权利。数据客观上能够为多个权利主体同时使用和获益，数据持有呈现相对排他力，数据于事实层面的非排他性无碍于法律层面就其持有赋予排他力。

根据规定，通过绕开、破解他人设置的反爬虫技术措施，包括但不限于检测 UA 来控制访问、限制 IP 及访问次数、设置验证码或滑动条等，而获得的原始数据，不能确认数据权益。

> **⊞【案例 4-7】通过破解等手段获得的数据不能入表**
>
> 杭州铁路运输法院（2018）浙 8601 民初 956 号民事判决书《杭州 ZZ 科技有限公司、杭州 LD 科技有限公司等与浙江 ZF 网络科技有限公司不正当竞争纠纷一审民事判决书》指出，浙江 ZF 网络科技有限公司（"中服网"的运营者）通过撞库方式破解杭州 ZZ 科技有限公司等"女装网"付费会员的账户、密码后，登录该网站获取涉案经销商数据库信息为己所用，违背了公认的社会道德，构成不正当竞争行为。

> **⊞【案例 4-8】非法调用服务器 API 接口获取的数据不能入表**
>
> 2024 年 9 月 4 日，中国裁判文书网发布了广东省高级人民法院 2023 年 12 月 29 日审结的（2022）粤民终 4541 号涉数据抓取交易不正当竞争纠纷案，这是国内首例非法调用服务器 API 接口获取数据予以交易转卖案件。广东省高院终审判决广州两公司依法赔偿北京 WMCK 网络技术有限公司（新浪微博运营公司）损失 2 000 万元。

> **⊞【案例 4-9】非法抓取获得的数据不能入表**
>
> 北京市海淀区人民法院（2017）京 0108 刑初 2384 号刑事判决书指出，"被告人张某、宋某、侯某经共谋，于 2016 年至 2017 年间采用技术手段抓取被害单位北京 ZJTD 网络技术有限公司（办公地点位于本市海淀区北三环西路 43 号中航广场）服务器中存储的视频数据，并由侯某指使被告人郭某破解北京 ZJTD 网络技术有限公司的防抓取措施，使用 'tt_spider' 文件实施视频数据抓取行为，造成被害单位北京 ZJTD 网络技术有限公司损失技术

服务费人民币 2 万元。经鉴定，'tt_spider'文件中包含通过头条号视频列表、分类视频列表、相关视频及评论 3 个接口对今日头条服务器进行数据抓取，并将结果存入数据库的逻辑。在数据抓取的过程中使用伪造 device_id 绕过服务器的身份校验，使用伪造 UA 及 IP 绕过服务器的访问频率限制。"

法院认为，"被告单位上海 CP 网络科技有限公司违反国家规定，采用技术手段获取计算机信息系统中存储的数据，情节严重，其行为已构成非法获取计算机信息系统数据罪，应予惩处。"

从以上案例可以看出，如未经非公开数据处理者授权，以机器人抓取、网络爬虫爬取等自动化工具访问数据库并获得的数据，不能认定数据权益，而且涉嫌违法犯罪，这样得来的数据当然不能计入资产负债表。

3. 应对措施

企业应在合法合规的基础上，深入研究数字化转型和数据产品的运营模式，并运用从商业模式到战略再到运营的思路，重新设计数据资源到数据资产的形成路径，探讨入表的关键问题。具体应对措施如下。

（1）优化业务流程和组织结构。企业组织结构普遍与数据产品开发匹配度低，因此，企业需要先梳理业务流程、组织结构，高效处理数据采集、清洗、建模等一系列生产经营活动，解决数据产品成本归集问题。

（2）建立与研发模式相适应的数据产品销售模式。企业需要重新调整数据产品销售模式和定价方式，解决收入与成本相匹配的问题。

（3）合理确定数据产品研究和开发的时点。企业需要重新调整产品立项和管理流程，解决数据资源资本化标准难的问题。

（4）合理确认公共数据授权期限。企业对自身的商业模式和渠道管理能力要有清醒的认知，与有关部门洽谈公共数据授权合约时，需要充分考虑到公共数据授权期限确认难的问题。

（5）合理确认高频数据的入表。实务中存在数据研发和应用场景差异过大的问题，这会导致高频数据资产确认条件难以满足。对于高频数据，企业要充分考虑是否符合资产确认条件。

（6）数据资产摊销方法的一致性。会计期间内，企业应合理评价自身的业务场景，选择合适的摊销方法并保持一致，解决数据资产摊销方法选择难的问题。

（7）合理判断数据资产的摊销年限。由于数据产品具有时效性，这导致企业很难判断数据产品的使用寿命。对此，企业应加强对数据产品本身，以及对数据产品生产和销售模式的研究，解决数据资产摊销年限确认难的问题。

第三节　数据资产入表的实践过程与未来展望

中国资产评估协会发布的《数据资产评估指导意见》强调"依法合规管理数据资产"。数据资产入表中的合规审查就是对数据资产来源、处理与流通展开合法性评估，以确保数据资产在后续流通中不至于因违规而影响交易。

2023年9月，上市公司易华录牵头发起了全国首个"数据资产入表服务联合体"，由会计事务机构、律师事务所、数据服务厂商、数据安全厂商、数据资产评估机构以及相关研究机构共同组成，并先后发布了数据资产评估与入表服务联合解决方案、《数据资源入表白皮书》（2023版）。

一、企业如何实施数据资产入表

企业可依据财政部发布的《企业数据资源相关会计处理暂行规定》（以下简称《暂行规定》）、中国资产评估协会发布的《数据资产评估指导意见》（以下简称《指导意见》）等相关文件，开展企业数据资产评估及入表的实践工作。

1. 企业数据资产评估

"数据二十条"指出，要探索数据产权结构性分置制度，根据数据来源和数据生成特征，分别界定数据生产、流通、使用过程中各参与方享有的合法权利，建立数据资源持有权、数据加工使用权、数据产品经营权等分置的产权运行机制，推进非公共数据按市场化方式"共同使用、共享收益"的新模式，为激活数据要素价值创造和价值实现提供基础性制度保障。

《指导意见》第三条指出，"本指导意见所称数据资产评估，是指资产评估机构及其资产评估专业人员遵守法律、行政法规和资产评估准则，根据委托对评估基准日特定目的下的数据资产价值进行评定和估算，并出具资产评估报告的专业服务行为。"完成数据资产评估后，企业可推进数据资产出资、转让、质押融资、资产证券化等活动，还可为企业财务报告中对数据资产的信息披露提供支撑。

在执行数据资产评估业务时，可以通过委托人、相关当事人等提供或者自主收集等方式，关注和了解被评估数据资产的信息属性、法律属性和价值属性。

《指导意见》第十二条指出，"信息属性主要包括数据名称、数据结构、数据字典、数据规模、数据周期、产生频率及存储方式等。法律属性主要包括授权主体信息、产权持有人信息，以及权利路径、权利类型、权利范围、权利期限、权利限制等权利信息。价值属性主要包括数据覆盖地域、数据所属行业、数据成本信息、数据应用场景、数据质量、数据稀缺性及可替代性等。"

《暂行规定》要求，企业对数据资源进行评估且评估结果对企业财务报表具有重要影响的，应当披露评估依据的信息来源，评估结论成立的假设前提和限制条件，评估方法的选择，各重要参数的来源、分析、比较与测算过程等信息。

企业数据资产评估的核心难点在于资产权属的确认及评估方法选择的依据。数据资产估值是数据要素交易与流通价值释放的基础。数据资产的估值计量通常采用历史成本法、市场价值法和收益法三种方法，历史成本是首选的计量属性。实践中，数据资产作为一种无形资产，其价值量化相对困难，不同来源、类型数据的价值也完全不同。目前，数据资产估值计量的市场价值法还没有形成统一的衡量指标，也没有足够多的可比案例支持市场价值法评估。数据资产评估的方法和标准尚未健全，因此会出现评估相对困难的问题，采用不同标准评估出的数据资产价值可能差异较大。

2. 企业数据资产登记

数据资产确权和法律保护主要依照《中华人民共和国个人信息保护法》《中华人民共和国著作权法》《中华人民共和国数据安全法》《中华人民共和国反不正当竞争法》《中华人民共和国网络安全法》《中华人民共和国刑法》等法律法规。数据资产确权，在实践中表现为市场主体在数据交易所的登记。数据交易所一般会审核数据资产的基础信息、质量评估报告和价值评估报告，但仅限于形式审核。

我国数据产权登记总体特征呈现为宏观政策引领与地方先行试点相结合、国家标准与行业标准并行的发展态势。但目前全国数据产权统一登记管理的制度供给仍存在不足，导致实践中出现了标准不一、管理分散、权责不明等问题。为激活数据要素价值，可围绕登记机构、登记平台、登记程序、登记效力、权责范围、登记凭证六个要件实行全国数据统一登记管理，进而构建统一登记制度。基于数据生产和流通使用的价值链条，可采用数据市场分级、数据类型分类的二分法路径，将登记内容划分为一级市场下的数据资源登记和二级市场下的数据产品登记。

现有数据登记主要分为数据资产／产权登记和数据知识产权登记两大类型。

数据资产／产权登记凭证有数据资源或数据产品登记证书、数据资源许可凭证等。例如，在广东、深圳等地，这些凭证作为数据资产入表、会计核算、抵押融资、数据交易、诉讼争议仲裁的重要依据，属于新型物权／产权。

数据资产／产权登记和数据知识产权登记在登记目的和行为、登记机构、登记对象、登记审查、登记权利及效力等方面存在差异。

企业需要遵循《中华人民共和国民法典》（以下简称《民法典》）、《数据安全法》《个人信息保护法》《网络安全法》等法律法规，确保数据资产的获取、处理、使用和交易都符合法律要求。特别是在数据跨境、数据共享、数据销毁等环节，需要严格遵守相关法律法规的规定，防止数据泄露和滥用。

尽管企业在数据管理方面承担了诸多责任，数据资产登记在实践中仍面临诸多问题和挑战，这些问题亟待解决，以完善数据资产的管理和保护。

在法律上，数据资产登记存在赋权客体不统一、保护路径不清晰的问题。数据尚未获得法律赋权，现有的包括物权登记、商标与专利的授权登记以及著作权的自愿登记在内的各种权利登记制度都是针对法定权利的登记，无法直接适用于数据资产登记。

数据资产登记场景仍显单一，多层体系亟待建立。不同类型的数据在获取方式、表现形式、市场价值、交易形式等方面具有很大区别。目前的数据登记方式还停留在静态的数据资产持有登记，对于数据的使用、数据产品经营的登记尚未实现。

数据资产登记存在溯源审查标准不清、平台责任边界不明的问题。各地登记机关难以对数据的获取是否存在瑕疵等进行实质性审查，使得现有的登记证书作为质押、融资、贷款等金融活动中的有效资信凭证，存在一定的金融风险。

3.企业数据资产入表实例

数据咨询服务机构可帮助企业将符合企业会计准则和《暂行规定》条件的数据资源，确认为"无形资产——数据资源""存货——数据资源"或"开发支出——数据资源"，并计入资产负债表。

器【案例 4-10】

2024 年第一季度，上市公司易华录服务浙江省交通投资集团成功完成 4 个数据资产化项目入表工作。

　　另外，易华录与抚州数据湖合作，成功完成了公共数据产品的数据资产入表，实现产品签约并产生了交易收入。这是江西省首例基于公共数据产品的数据资产入表，标志着抚州数据湖从"数据资源管理"迈向了"数据资产运营"的新阶段，并实现了公共数据产品在市场上的较高且可持续盈利。

　　易华录还服务山西省阳泉数科下属全资子公司领航科技，圆满完成了数据资源盘点、数据产品设计、数据产品登记、数据资产入表等工作，使其成为山西首个地市级车联网数据资产入表企业，率先实现了山西交通领域数据资产入表零的突破。

二、数据资产入表的未来发展趋势

　　数据资产质押等金融功能具有跨时间、跨地域、跨部门配置资源的作用，对于解决我国数据资源时空分布不均衡、人才和技术条件差异大、数据开发利用不充分等问题具有重要意义。从生产要素的发展规律来看，数据资产金融化既是推动数据高效流通的关键路径，也是数据价值转化的重要衍生方向。

　　根据《民法典》的规定，担保物权制度的典型形态包括抵押权与质权。数据交易所作为专业的数据交易机构，具备对欲设立质押的数据资产进行审查的能力。例如，北京银行城市副中心分行携手北京国际大数据交易所，为北顺鑫福通大数据集团有限公司发放了 440 万元数据资产质押贷款，这是北京市首笔在北京国际大数据交易所完成质押登记的数据资产质押贷款。上海数据交易所与银行合作推出了"数易贷"产品。神州数码携手深圳数据交易所、建行深圳分行，成功促成了深圳市首例数据资产质押融资交易。该交易将神州金服云数据产品作为数据资产，纳入企业财务报表并获得授信融资，成为深圳数据资产质押融资的首个案例。

　　金融市场中以数据资产为标的的标准化金融产品将会受到更多青睐，催生出数据银行、数据信托、数据征信、数据期货等一系列金融工具，形成更丰富的金融业态。数据交易主要围绕数据权属展开，而非数据本身，包括收益权、抵押权、分配权等，类似于碳权、林权等生态权益产品的金融化。丰富的交易工具、高频的交易将有效弥补数据交易市场中投资方式缺失、风险对冲不足、价格发现失效、流动性差等问题，促进数据要素高速循环和价值变现。

目前国内各地数据交易所挂牌了很多数据产品，这些将成为数据资产市场价值法估值的基础支撑。各地金融机构围绕数据资产"入表 + 融资"正积极开展创新实践，主要通过数据资产的金融手段帮助企业实现数据资产增值和变现。

数据资产创新应用的方向包括数据资产增信、转让、出资、质押融资、保理、信托、保险、资产证券化等，这些场景一般都需要主体提供标的资产预期现金流测算结果或资产评估报告等。

当企业在数据开发利用和管理过程中投入的大量成本有了正向的经济反馈时，必将激励企业更加主动地挖掘、利用潜在的数据资源，从而加快形成"数字生产力"。

第五章

数据交易：国际舞台上的较量

在当今全球化的信息时代，数据已成为推动经济和社会发展的关键要素。数据交易作为数据挖掘和价值实现的重要途径，正在国际舞台上上演着一场激烈的较量。各国政府、企业以及科研机构纷纷加入到这场数据盛宴中，争夺数据资源和市场份额，以期在数字经济的浪潮中占据有利地位。

在国际舞台上，欧美凭借其先进的科技实力、丰富的数据资源和成熟的市场体系，占据了数据交易的主导地位。中国数据交易在发展速度与市场潜力的较量中，展现出极为显著的活力与巨大的潜力，交易平台数量逐渐增加，交易规模也在不断扩大。

本章深入研究了中国数据交易市场的监管体系与交易机制，并从全球视角进行了分析。在监管体系方面，市场分割和确权难题凸显，亟须构建统一规范的数据交易市场体系和完善的法规制度体系。在交易机制方面，中国数据交易市场规模增长迅速，其中上海数据交易所在创新方面发挥了引领作用，但仍然有诸多方面需要完善和改进。未来，中国数据交易市场将在政策支持、技术创新和国际合作等方面迎来新的发展机遇，力求在全球范围内发挥出重要引领作用。

第一节　中国数据交易市场：从追赶到并跑的奇迹

一、监管体系与交易机制的全球视角

2013 年被视为全球"大数据元年"，全球数据增长大爆发，中国也开始积极探索数据要素市场的配置。从 2014 年"大数据"被首次写入政府工作报告，中国数据交易根据数据交易市场的发展政策、法律法规和市场实践的演变，大致可总结为四个阶段：萌芽与初步探索阶段（2013—2014 年）、快速发展与调整阶段（2015—2020 年）、规范与深化发展阶段（2021 年至今）、成熟应用阶段（预期未来）。随着技术的不断进步和政策环境的变化，这些阶段的具体时间和特征可能会有所调整。

1. 萌芽与初步探索阶段（2013—2014 年）

2013 年是中国跨入"大数据元年"的关键节点，全球数据激增。

> **！重要事件：**
>
> 2014 年，"大数据"的概念首次被纳入政府工作报告，标志着大数据正式上升为国家层面的战略要点。同年 2 月，中关村数海大数据交易平台上线，成为我国首个地方政府参与的数据交易平台，其在探索数据要素市场配置中扮演着重要角色。此外，广东省率先成立了大数据管理局，是我国首个专门的大数据管理机构。

2. 快速发展与调整阶段（2015—2020 年）

2015 年，国务院印发《促进大数据发展行动纲要》，为国家大数据发展和应用制定了顶层规划与战略部署。

2016 年，《中华人民共和国国民经济和社会发展第十三个五年规划纲要》专

章论述"实施国家大数据战略",大数据产业发展驶入快车道。

2017 年,党的十九大报告明确提出"推动互联网、大数据、人工智能和实体经济深度融合",为大数据产业的发展指明了方向。

2019 年,党的十九届四中全会审议通过《中共中央关于坚持和完善中国特色社会主义制度 推进国家治理体系和治理能力现代化若干重大问题的决定》,首次将数据增列为生产要素。

2020 年,《中共中央 国务院关于构建更加完善的要素市场化配置体制机制的意见》发布,首次为推进数据要素市场化改革指明了方向。

> **重要事件:**
>
> **数据交易所的涌现。**2015—2020 年,国内先后涌现出近 30 家数据交易所,数据交易迎来 1.0 时代。特别是在 2015—2017 年,全国各地数据交易所共成立了 20 家,经历了一波小高潮。众多地方政府参与型数据交易平台如贵阳大数据交易所的建立,加速了数据交易的快速发展。
>
> **面临调整与转型。**然而,2018—2020 年,数据交易领域经历了一段低迷时期。在这一时期,由于数据所有权界定模糊、要素流转不规范,缺乏合理的定价机制和数据安全保障机制,一些初期创立的数据交易机构不得不面临改制和业务转型的挑战。

3. 规范与深化发展阶段(2021 年至今)

2021 年《数据安全法》和《个人信息保护法》的颁布,为数据交易提供了法律保障,标志着数据交易发展告别了市场自发探索的商业行为,正式过渡到以政府为主导的产业谋篇布局的新阶段。同年,国家工业信息安全发展研究中心等联合发布《中国数据要素市场发展报告》,对我国数据要素市场的发展进行了深入分析和展望。

2022 年,《中共中央 国务院关于构建数据基础制度更好发挥数据要素作用的意见》（即"数据二十条"）发布，提出了一系列构建数据制度的政策举措，数据监管制度体系进一步明朗。

2023 年，国家数据局正式揭牌成立，其主要职责是协调推进数据基础制度建设，统筹数据资源的整合共享与开发利用。国家数据局会同有关部门制定了《"数据要素 ×"三年行动计划（2024—2026 年）》，旨在从若干重点领域推动数据要素与其他要素相结合发展。同年，财政部印发《企业数据资源相关会计处理暂行规定》，明确从 2024 年 1 月 1 日起，将符合条件的数据资源视为一种资产纳入财务报表。

2024 年，国家数据局会同有关部门研究起草了《关于促进数据产业高质量发展的指导意见》，并向社会公开征求意见，以进一步推动数据产业的高质量发展。

> **！重要事件：**
>
> **数据交易所的复苏与蓬勃发展。**2021 年开始，数据交易所建设再度升温。北京国际大数据交易所、上海数据交易所、深圳数据交易所等国资主导的数据交易机构相继成立，贵阳大数据交易所也开启重组，标志着全国数据流通市场发展进入新阶段。
>
> **政策推动与市场规范。**近年来，随着数据交易政策从落地走向深化，数据交易利好不断加码。不少地方政府发布数据领域相关条例，要求建立健全数据交易管理制度、规范交易行为、培育交易市场。同时，数据交易逐渐有了包括清晰的顶层设计、产品登记、合规监管、信息披露等交易规则的场内交易。
>
> **数据交易所的多样化与创新。**当前数据交易机构正成为数字互联互通新一代基础设施，且不同数据交易平台侧重的用户需求点不同，交易的数据产品类型及服务内容也不同。例如，上海数据交易所提出全国"五大首发"，并着重于输出和互联，在规则、制度、标准、质量、合规等核心方面支持市

场共同发展。武汉东湖大数据交易中心则运用"多源数据融合+认知计算"技术对行业场景上的多源数据进行体系化、智能化的治理，形成智能化的数据资产，为企业和政府提供决策化应用场景。

4. 成熟应用阶段（预期未来）

在这个阶段，预计数据交易市场将形成成熟的交易体系和监管机制，数据交易将成为数字经济的重要组成部分，市场规模和交易活跃度将显著提升。

为确保数据交易市场的健康发展，规范数据交易活动的进行，提高数据交易的透明度和公信度，建立健全数据交易市场的监管体系尤为重要。随着全球数字经济的蓬勃发展，各国数据交易市场呈现出多样化的监管模式和交易机制。中国作为数据资源大国，数据交易市场的监管与机制构建不仅影响着国内数字经济的健康发展，在全球数据市场中也占据着重要地位。因此，在深入探讨中国数据交易市场的监管体系与交易机制时，从全球视角进行审视显得尤为重要。

（1）全球视角下中国数据交易市场的监管体系

不同于欧盟由欧盟数据保护委员会（EDPB）主导的相对统一监管，也不同于美国由州及地方监管机关在其管辖范围内出台相应数据监管法案的分散监管格局，中国数据交易市场的监管体系具有多层次、多维度特征。近年来，中国数据交易市场不断完善，形成了政府监管、行业自律和社会监督相结合的多元共治格局，构建了符合中国特色的数据交易市场监管体系。

①监管主体与职责

随着数据交易市场的不断发展，中国数据交易市场的监管体系正在逐步完善，国家级数据交易所的建设推动了数据资源的高效流通和交易，促进了数据要素市场的规范化与规模化。

中国的数据交易市场监管主体呈现多元化的特点，主要包括政府相关部门、行业协会和交易平台，同时辅以社会监督等多种监督机制。

政府相关部门，如国家数据局、工业和信息化部等，作为顶层监管机构，负责数据交易市场的宏观监管，并制定相关政策法规和监管措施，为确保数据交易市场的稳健发展，提供宏观指导与法律支撑。同时，地方政府也积极参与到数据交易市场的监管中，构建了上下联动的监管体系。这些部门通过制定数据交易的标准、规范市场行为和打击违法行为等手段，确保数据交易市场的公平公正和透明。

行业协会，如中国信息通信研究院等作为行业自律组织，在推动数据交易市场的规范化、标准化建设中发挥着重要作用。它们通过制定行业标准和规范来引导企业进行合规经营，并提高数据交易的质量和效率。一方面，为成员提供信息交流平台，促进成员之间的信息共享，增强行业内部的透明度，帮助协会成员及时了解行业动态和市场变化；另一方面，加强市场监督以维护数据交易的公正性与透明度，杜绝不正当竞争与欺诈行为，保障消费者及市场参与者的合法权益。同时，在数据交易中，行业协会还可能参与数据治理工作，并且承担着行业数据的收集、分析和发布等职责，为政府决策和企业发展提供数据支持。

交易平台，作为数据交易市场的核心组成部分，其职责主要包括数据交易的撮合、结算和风险管理等。交易平台通过提供技术支持并确立交易规则等，为数据的供需双方提供便捷、高效的交易环境；通过建立完善的交易规则、加强风险防控等措施，保障数据交易的安全性和合规性。

社会监督，如媒体、公众、非政府组织等渠道对数据交易活动进行关注和报道，可以增加数据交易的透明度，使数据交易行为更加公开，有助于防止不正当交易和非法活动。社会监督的存在使任何违规行为都可能被公众发现，并受到舆论谴责，这不仅促进了数据交易活动的合规性，还增强了数据交易主体遵纪守法的自觉性。社会监督有助于消费者权益的保护，尤其涉及个人数据保护方面。公众和消费者组织可以对数据交易中的隐私侵犯行为进行监督，从而推动企业加强数据保护措施，减少数据泄露和被滥用的风险。

这些监管主体在保障数据安全、促进数据流通、维护市场秩序等方面发挥着重要作用，它们通过协同合作，共同构建了一个多层次、全方位的监管体系，为中国数据交易市场的健康发展提供了有力保障。

②政策法规与制度框架

近年来，我国政府高度重视数据交易市场的监管工作，出台了一系列政策法规和制度框架，为数据交易市场的健康发展提供了有力的法律保障。

例如，《数据安全法》和《个人信息保护法》等法律法规的出台，明确了数据交易的安全保护、个人信息权益保障等方面的要求。这些法律法规针对数据的全生命周期，包括收集、存储、使用、加工、传输、提供、公开及删除等环节，均提出了明确的规范要求，为数据交易市场的安全发展奠定了坚实的法律基础。"数据二十条"等政策性文件则为数据交易制度建设提供了指导和支持。这些文件明确了数据要素的基础性战略资源地位，提出了构建数据基础制度体系的总体要求、主要任务和保障措施，为数据交易市场的制度建设提供了方向与目标。

同时，我国政府还积极推动数据交易市场的标准化建设，制定了一系列数据交易相关的标准和规范。这些标准和规范涵盖了数据交易的各个方面，包括数据质量、数据格式、数据交易流程、数据安全等，为数据交易市场的规范化发展提供了有力支持。

③监管手段与措施

中国数据交易市场的监管手段主要包括行政许可、行政处罚、行业自律和公众监督等。

在行政许可方面，政府相关部门通过对数据交易平台的设立、数据产品的上市等环节进行审批和备案，确保数据交易平台的合法性和合规性，为数据交易市场的健康发展提供了基础保障。

在行政处罚方面，政府相关部门对违反数据交易规定的行为进行处罚和制裁。处罚和制裁措施包括警告、罚款、吊销许可证等，这些措施对违规行为形成了有效的震慑和打击。

在行业自律方面，行业协会通过制定行业标准和规范守则，促进数据交易市场的规范化发展；同时通过组织培训、交流研讨等活动提高行业人员的专业素质和业务水平，为数据交易市场的健康发展提供了人才保障。

在公众监督方面，我国政府支持和鼓励社会公众对数据交易市场的违法行为进行举报和投诉。这些举报和投诉信息为政府相关部门提供了重要的线索和依据，有助于及时发现和处置潜在的风险事件。同时，公众监督还形成了对数据交易市场的有效约束和监督，促进了市场的健康发展。

（2）全球视角下中国数据交易市场的交易机制

在全球视角下，中国数据交易市场的交易机制展现出其独特性和创新性。通过多层次的交易规则、先进的交易设施与技术保障、权威的数据交易登记结算与服务，以及有力的政府监管与市场自律，中国数据交易市场为全球数据交易市场的繁荣发展贡献了突出力量。

①交易规则与定价机制

多层次的交易规则。中国数据交易市场构建了多层次的交易规则体系，其中涵盖了数据交易原则、公共数据开放共享及数据安全保护等内容。这些规则的制定旨在确保数据交易的合法性、安全性和公平性，进而为市场参与者提供明确的指导和规范。

明确的流通规则。根据国家信息中心等权威机构的研究，中国数据交易市场确立了数据要素流通的规则体系。这一体系包括完善数据流通准入规则、制定数据流通规则及积极探索数据要素估值定价机制等，从源头上确保了数据来源合法，使安全隐私保护到位，有力推动了数据交易市场的规范化发展。

——准入审核严格。数据交易所在交易主体的准入方面把控十分严格。一方面，对于数据提供方，要求其务必确保数据获取渠道合法，权利清晰且无争议，并且能够提供拥有交易数据完整相关权益的承诺声明，以及交易数据采集渠道、个人信息保护政策、用户授权等证明材料；另一方面，对于数据购买方，同样会对其资质、用途等进行审核，以此保障交易的合法性和安全性。例如，上海数据交易所对交易主体的审核就涵盖多方面的信息与资质验证。

——鼓励多元主体参与。除了传统的数据提供方和需求方，中国数据交易市场积极鼓励数据商、第三方专业服务机构等多元主体参与其中。数据商能够对数据进行整合、加工、分析等操作，提高了数据的价值和可用性；第三方专业服务机构则可以提供数据评估、合规咨询、安全审计等服务，为交易的顺利进行提供保障。这种模式有助于形成协同创新、错位互补、供需联动的数据流通交易多元生态体系。

特色的交易定价方式。

——多因素综合定价。中国数据交易市场的定价方式呈现多样化，常见的有成本法、收益法和市场法等多因素综合定价方式。成本法侧重于考虑卖方生产数据产品所投入的成本；而收益法着重于评估买方在使用数据产品后可能实现的经济收益；市场法则依据产品在市场上多次交易后形成的相对稳定的价格定价。例如，上海数据交易所的定价方式就综合考虑了这三个方面的因素。

——部分地区的特色定价机制。不同地区的数据交易市场依据自身的特点与需求，可能会采用一些独具特色的定价机制。例如，贵阳大数据交易所运用要素定价法，根据数据的种类、深度、时间范围、完整性、样本覆盖广度及实时性等关键要素来综合确定数据产品的价格。

②交易设施与技术保障

先进的交易设施。中国数据交易市场配备了先进的交易设施，其中包括高效的数据存储和处理设备、网络安全设备等。这些设施能够确保数据交易高效且安全地进行，为数据交易提供了必要的技术支持与保障，降低了交易风险。

技术创新与应用。中国数据交易市场积极应用区块链、隐私计算、跨隐私计算等先进技术，从技术层面解决数据确权、定价、可信交易等问题，保障数据交易的安全可靠。例如，通过区块链技术确保数据的可追溯与防篡改性，运用加密技术来强化数据的安全与隐私保护，借助大数据与人工智能技术来提升交易的智能化程度。这些先进技术的应用不仅提高了交易效率，还显著增强了市场的整体竞争力。

③数据交易登记结算与服务

权威的数据交易登记结算。中国数据交易市场提供权威的数据交易登记结算服务，确保数据交易的合法性和有效性。通过登记结算服务，交易的全过程得以详细记录，包括交易双方的信息、交易数据的内容、交易价格和时间等。这些记录为交易双方提供了法律保障和纠纷解决的依据。

完善的数据交易服务。中国数据交易市场提供了全方位的数据交易服务，涵盖数据交易咨询、数据资产评估及数据交易撮合等环节。这些服务的提供有效降低了交易成本，提升了交易效率，进一步推动了数据交易市场的蓬勃发展。

④交易监管与保障

政府监管。中国政府在数据交易市场中发挥着关键的监管作用。政府通过制定法律法规、设立监管机构等方式来规范市场行为，打击违法违规行为，维护数据交易市场的秩序和公平性。

市场自律。除了政府监管，市场参与者也需要加强自律。中国数据交易市场鼓励市场参与者遵守市场规则，共同维护市场的良好秩序。同时，行业协会等社会组织也在数据交易技术和产品服务行业标准等方面发挥着重要作用，推动了市场的规范化发展。

二、发展速度与市场潜力的较量

中国数据交易市场的发展速度与市场潜力之间存在密切的关联和互动。一方面，数据交易市场的迅猛发展为市场潜力的充分释放奠定了坚实基础与有力保障；另一方面，庞大的市场潜力又为数据交易市场的持续拓展提供了广阔的舞台与动力。中国数据交易市场的发展速度与市场潜力之间的较量，是一个动态且复杂的过程。

1. 中国数据交易市场发展速度分析

根据中国信息通信研究院等权威机构发布的数据，中国数据交易市场规模近年来呈现出快速增长的态势。从 2021 年到 2023 年，中国数据交易市场规模由约 617.6 亿元增长至近 1 536.9 亿元，这充分展示了中国数据交易市场的迅猛发展速度。如此高的增长主要得益于多方面因素。

一方面，政策的持续推进为市场发展营造了良好的环境。国家和各省市纷纷出台相关政策，规范数据交易市场，打击黑市交易等非法行为。同时，积极鼓励多样化的市场主体参与数据要素市场的构建，探索实施多种数据交易模式。

另一方面，随着数字化进程的加速，数据作为关键生产要素的价值日益凸显，市场对数据的需求不断增长。各行业对数据的应用需求呈现上升趋势，尤其是金融、互联网、通信等领域，数据交易规模不断扩大。例如，2022 年金融行业的数据交易规模约为 306.9 亿元，占比达到 35%，成为目前最大的细分行业数据交易市场。

（1）政策引领下的快速增长

近年来，国家和地方政府相继出台了一系列支持数据交易市场发展的政策措施，如国家数据局发布的《"数据要素 ×"三年行动计划（2024—2026 年）》。该计划以推动数据要素的协同优化、复用增效以及融合创新作用发挥作为重点，强化场景需求的牵引作用，带动数据要素实现高质量供给以及合规高效流通。

其总体目标为："到 2026 年底，数据要素应用广度和深度大幅拓展，在经济发展领域数据要素乘数效应得到显现，打造 300 个以上示范性强、显示度高、带动性广的典型应用场景，涌现出一批成效明显的数据要素应用示范地区，培育一批创新能力强、成长性好的数据商和第三方专业服务机构，形成相对完善的数据产业生态，数据产品和服务质量效益明显提升，数据产业年均增速超过 20%，场内交易与场外交易协调发展，数据交易规模倍增，推动数据要素价值创造的新业态成为经济增长新动力，数据赋能经济提质增效作用更加凸显，成为高质量发展的重要驱动力量。"

（2）技术创新推动市场发展

中国数据交易市场的技术创新体现在多个方面，如市场规模的快速增长、新技术的广泛应用、交易模式的不断创新以及数据应用场景的持续拓展等。这些因素共同推动了市场的快速发展。展望未来，中国数据交易市场将继续保持强劲的增长趋势。

随着大数据、区块链和人工智能等技术的持续发展与不断创新，数据交易市场的技术支撑体系得以不断完善。这些技术的应用提升了数据处理的效率和质量，降低了数据交易的成本与风险，进一步推动了数据交易市场的快速发展。例如，大数据技术可以实现海量数据的快速处理和分析，为数据交易提供更准确的决策依据；区块链技术能够确保数据的可追溯性和安全性，增强数据交易的信任度；人工智能技术则可以通过智能算法实现数据的精准匹配和定价，提高数据交易的效率和效益。这些技术的融合应用将为数据交易市场带来更多的创新机遇和发展空间。

同时，数据交易模式日益丰富，类型涵盖数据产品交易、数据服务等；交易标的也从原始数据扩展到衍生数据、数据报告等多个类型。交易模式的不断创新促进了数据交易市场的发展规模和速度。

数据应用场景不断拓展，涵盖了金融、医疗、交通等多个领域，这些都是技术创新在不同行业应用的体现，对中国数据交易市场的蓬勃发展起到了必不可少的作用。

2. 中国数据交易市场潜力分析

（1）数据资源丰富

庞大的人口基数和快速发展的数字化进程，造就了中国数据资源量的全球领先地位。我国数据资源覆盖政府、企业及个人等多个领域，这些数据资源为数据交易市场提供了丰富的供给来源，也为数据交易市场的进一步发展提供了巨大的潜力。例如，北京国际大数据交易所 2023 年的数据交易规模达到 15.57 亿元，数据交易合约 7 901 笔，数据产品 1 624 个，参与主体 591 家。

（2）数据交易需求旺盛

随着数字经济的迅速发展，各行各业对数据的需求日益攀升。无论金融、互联网、政务领域，还是医疗健康、通信、教育等行业，都在积极探索数据的多样化应用场景及价值发掘途径。这一旺盛的数据需求不仅促进了数据交易市场的蓬勃发展，还为其开辟了广阔的增长空间。

数据交易既可以通过依法设立的数据交易平台展开（即场内交易），也可由交易双方依照法律规定自行进行交易（即场外交易）。预计在未来，中国的数据交易市场将更大程度上向场内交易转移，在监管规则、产品标准及经营模式等方面会更具规范性与标准性。

（3）区域协同发展

中国数据交易市场呈现出明显的区域集聚效应和协同发展态势。长三角、珠三角、京津冀等地区大数据与区域经济协同发展、融合发展日益深化，已成为大数据产业发展的桥头堡。这些地区的协同发展将进一步促进数据交易市场的整体发展。例如，北京、上海、广东等地通过建立公共数据交易平台和数据中心，有效推动了数据资源的汇聚和交易。

（4）国际化趋势

随着全球数据交易市场的持续发展和中国对外开放程度的不断提高，中国数据交易市场将逐渐融入全球数据交易市场体系。这一趋势将为中国数据交易市场带来更多的机遇和挑战，同时也将进一步拓展其市场潜力。中国数据交易市场的国际化不仅有助于提升其在全球数据交易中的地位，也有助于引入国际先进的数据交易技术和管理经验，从而促进国内市场的健康发展。

3. 发展速度与市场潜力的比较分析

（1）发展速度的快速增长对市场潜力释放的影响

数据交易市场规模的快速增长为未来市场潜力的深入挖掘奠定了坚实基础。

一方面，随着数据交易行业的迅速发展，更多的企业和机构被吸引参与到交易市场中。2021 年到 2022 年，众多科技公司、金融机构等纷纷加大在数据交易领域的投入，不仅包括资金的投入，还包括技术和人力资源等方面的投入。

另一方面，快速增长的市场规模也促使数据交易市场的基础设施不断完善，数据交易所的数量不断增多，目前已接近 50 家。这些数据交易所通过提升自身的服务质量和技术能力，为数据交易提供了更加安全、高效的平台，为市场潜力的挖掘奠定了良好的基础。

此外，快速增长的市场规模带动了相关产业的发展，如数据采集、加工处理和数据分析等环节的企业。这些企业的联动为数据交易市场的潜力挖掘提供了更加丰富的产业链支持。

（2）市场潜力的挖掘对发展速度的推动

随着数据交易潜在市场的逐渐开发，数据交易市场的发展速度进一步加快。例如，华东、华南、华北地区数据交易场所的集中发展，以及中西部地区如贵阳大数据交易所的创新实践，为数据交易市场带来了新的增长空间。这些地区的发展不仅丰富了数据交易的市场主体，还促进了不同地区之间的数据流通和共享，进一步推动了数据交易市场的发展速度。

各行各业应用的不断拓展也为数据交易市场的发展提供了强劲的动力。金融行业作为数据交易最大的细分领域，其数据交易规模的不断扩大，为其他行业树立了榜样。同时，文旅、农业等行业的数据交易潜力的挖掘，也为数据交易市场带来了新的增长点。

数据交易潜在市场的开发还将吸引更多的政策支持和投资关注。随着数据交易市场潜力的不断显现，政府将进一步加大对数据交易市场的政策支持力度，完善相关政策法规，为数据交易市场的发展创造更加良好的政策环境。同时，投资者也将更加看好数据交易市场的发展前景，加大对数据交易相关企业的投资力度，为数据交易市场的快速发展提供资金支持。

第二节　国际数据交易市场的经验与启示

数据交易市场蓬勃发展，欧美地区在数据交易市场的探索和发展方面处于全球领先地位。研究欧美等国家的经验，可以为我国数据交易事业提供有益的启示，推动我国数据交易市场的持续进步。

一、欧美数据交易市场的实践

数据交易作为数据要素流通的主要形式对数字经济的发展具有重要作用。在欧美地区，数据交易的发展经历了多年的演变，逐渐构建了较为成熟的市场体系和监管框架。

本部分主要从发展历程、运营模式和监管体系三方面，分析欧美数据交易市场的实践情况。

1. 欧美数据交易市场的发展历程

（1）初步探索阶段

20世纪末，随着互联网的普及与信息技术的发展，企业和组织开始逐渐意识到数据的价值。在这一阶段，美国数据交易的形式主要是企业内部数据的共享和利用，集中在广告、金融等对数据依赖度较高的行业。数据交易的概念逐渐兴起，但尚未形成规范化的市场体系。

自20世纪90年代起，欧洲一些国家的电信和金融企业开始探索数据共享与交易，但受当时欧盟数据保护指令的限制，发展速度相对滞后。这种严格的监管环境也促使欧洲的数据交易市场朝着更加规范的方向发展。

（2）规范化发展阶段

进入 21 世纪，随着大数据技术的不断成熟，数据的价值得到进一步挖掘。美国出现了专门的数据经纪公司，如 Acxiom、Experian 等。这些公司通过整合多个渠道的数据，包括公共记录、消费者调查、网络行为数据等，将其加工处理后出售给有需求的企业。数据经纪行业的兴起标志着美国数据交易市场开始走向专业化和规模化。

欧洲于 2016 年成立了欧洲数据市场（EDM），致力于提供数据交易的标准化服务，包括数据质量评估、交易流程管理等。同时，随着大数据、人工智能和区块链等前沿技术的飞速发展，数据交易的形式日趋多样化，交易规模也迅速扩大。

在这一阶段，数据隐私和安全问题也成为公众关注的焦点。欧盟于 2018 年实施的《通用数据保护条例》（GDPR）对数据交易提出了严格的合规要求，这对全球数据交易的规范化发展产生了重要影响。

（3）全面迅速发展阶段

随着移动互联网的普及和科技不断创新，数据的来源更加广泛，数据交易市场也愈发活跃。在这一阶段，数据交易进入了全面迅速发展的新时期。

一方面，数据交易市场的规模和范围不断扩大，涉及的数据类型和应用场景日益丰富。例如，美国的 Equifax 和 Experian 等公司已经建立了完善的数据交易生态系统，提供从数据采集、分析到交易的全方位服务。

另一方面，随着数字经济的快速发展，数据交易在推动经济增长、创新和竞争力方面发挥了关键作用。然而，数据交易的兴起也伴随着一系列挑战，如数据安全、隐私保护、数据垄断等。为了应对这些挑战，欧美等国家不断加强数据交易的监管和规范。

2. 欧美数据交易市场的运营模式

相关数据显示，2021 年全球数据交易流通市场规模达到 2 000 亿元，其中北美洲占比 48%，欧洲占比 25%。欧美数据交易市场在全球占据重要地位，且呈现出持续增长的态势。目前，全球范围内许多国家已经建立了统一的数据共享平台，专门发布可进行处理的非敏感数据集和工具，以促进多样化的数据交易模式的发展。

在数据流通和交易模式方面，通过数据中介和经纪人来连接数据交易产业生态已成为欧美等国家数据交易的主导趋势。欧洲已经建立了数据中介体系，认为数据中介能够促进数据供需双方的共享和交易。美国的数据交易已经从集中市场交易转变为以数据经纪为主的模式。

海外学者认为，除了数据交易平台和交易者，还应建立独立于交易平台之外的第三方经纪机构，也就是数据经纪人。数据中介和经纪人作为流通交易的参与者，负责从数据源收集、整合、分析和处理各类信息，并进一步创造数据产品和服务。培养有资质和能力的数据经纪人队伍，将有助于挖掘数据资源的应用潜力和实现其价值，这是解决数据要素市场挑战的关键所在。

（1）数据经纪人模式

在美国，数据经纪人（Data Broker）是数据交易服务的关键提供者。数据经纪人的数据收集途径主要包括政府来源、商业来源和其他公开来源等。数据经纪人通过合法途径获取信息并对采集来的原始信息及衍生信息进行整理、分析和分享，然后向与消费者没有直接关系的企业出售、许可、交易或提供该信息。这种模式包含了 C2B 分销、B2B 集中销售和 B2B2C 分销集销混合模式，其中 C2B 模式涉及用户将个人数据传输给平台，B2B 模式涉及数据平台作为撮合服务商，而 B2B2C 模式则涉及数据平台收集个人或企业数据后转售给需求方。

① C2B 分销模式

在数据交易领域，C2B（Consumer-to-Business）分销模式是一种以消费者需求为导向的电子商务模式。在这种模式下，用户将个人数据传输至平台，数据平台根据用户传输的数据的价值给予用户回报，形式包括货币、商品、积分等。例如，一些数据平台会为用户提供积分奖励，用户可以通过积分兑换来获取商品或服务。

该模式强调以消费者需求为中心，通过数据分析精准匹配消费者偏好，从而推动企业生产与分销策略的优化。相较于传统模式，C2B 分销不仅能够有效减少库存积压，提高资源配置效率，还能增强消费者的参与感与满意度，实现价值共创。在这一框架下，数据交易平台作为中介，促进了消费者数据与企业需求之间的高效流通，为个性化服务与产品定制提供了可能，进一步推动了市场经济的数字化转型。

②B2B 集中销售模式

在美国，B2B（Business-to-Business）集中销售模式在数据交易领域扮演着至关重要的角色，它通过整合多个数据源，为商业客户提供一站式的数据解决方案。数据平台作为撮合服务商，为数据供给方和需求方提供交易平台。经过平台审核后的供需双方可以选择在平台上对数据自行定价买卖，并且设定相关条件。代表性的数据平台公司包括 Microsoft Azure、DataMarket、Factual 等。这些平台通过严格的审核机制，确保数据的质量和合法性，为企业之间的数据交易提供了安全可靠的环境。

这种模式不仅促进了数据的高效流通与数据价值最大化，还加速了企业间的信息协同与决策优化。在集中销售框架下，数据交易平台作为中介，利用先进的技术手段对数据进行清洗、整合与分析，从而向需求方提供高质量、定制化的数据集。B2B 集中销售模式在降低交易成本，提高数据交易透明度与安全性的同时，促进了数据驱动的创新与增长。它不仅推动了数字经济的发展，也为企业间的合作与竞争提供了新的范式。

③B2B2C 分销集销混合模式

B2B2C（Business-to-Business-to-Consumer）分销集销混合模式作为一种创

新的数据流通方式，正逐渐受到业界的关注。该模式结合了 B2B（企业对企业）和 B2C（企业对消费者）两种交易模式的优点，形成了一套独特的数据分销与集销体系。

B2B2C 模式的特点是具有灵活性和多样性，它允许数据平台扩展其业务范围，触及更广泛的客户群体。数据平台如 Acxiom、Corelogic、Datalogix 和 eBureau 等，通过收集和分析大量的个人和企业数据，为各种商业客户提供定制化的数据分析服务和解决方案。这些服务可能包括市场营销产品、风险识别产品和人员搜索产品等。

学术文献中提到，B2B2C 模式的数据产品和服务来源多样，包括联邦政府数据源、地方政府数据源、商业数据源及不同数据经纪商之间共享的数据源。这种模式的成功在于其能够通过原始数据和派生数据创造多种类型的数据产品和服务，满足不同客户的需求。《美国数据交易市场发展现状及趋势研究》指出，"B2B2C 分销集销混合模式通过整合上下游资源，构建了一个多方共赢的数据生态体系。"该模式不仅有助于提升数据交易的效率和透明度，还能有效保护数据提供者和消费者的利益，推动数据交易市场的健康发展。同时，随着技术的不断进步和法律法规的完善，B2B2C 分销集销混合模式有望在美国数据交易领域发挥更加重要的作用。

（2）数据交易平台模式

美国数据交易市场中的数据交易平台模式，作为连接数据供需双方的关键桥梁，展现出了强大的市场活力和创新潜力。美国的数据交易平台模式是一种双边平台，它涉及与买家和卖家的互动，使得数据提供方和数据购买方能够在平台上进行数据交易。这些平台通过集成多元化的数据源，运用先进的数据处理与分析技术，为商业客户提供定制化的数据解决方案，有效促进了数据资源的优化配置和价值转化。

这种模式允许数据提供方在平台上发布数据，而数据购买方则可以根据需求进行搜索和购买。数据交易平台不仅促进了数据的流通，还通过提供数据分类、策划和管理元数据等服务，帮助潜在买家发现相关数据产品。同时，平台通常支持多种交易方式，并允许数据提供方对数据进行定价和设定售卖条件。例如，微软 Azure、DataMarket、Factual 等平台就属于这种模式，它们作为中介代理，帮助数据提供方和购买方进行数据买卖活动。

数据交易平台模式下的平台是数据交易实体的一种角色，它们作为与买家和卖家打交道的双边平台，管理数据交易的流程，并且通常涉及经济交易，买方可以通过法定货币或平台创建和控制的加密货币支付。此外，数据交易平台还涉及数据的托管、评分及买卖双方的评分服务，以确保数据交易的有效性和实时性。例如，BDEX 作为一个实时数据交易平台，主要提供数据托管和评分服务，支持企业进行广告投放和潜在客户提取等。

（3）数据管理系统模式

在美国数据交易市场上，数据管理系统模式以其高度的集成性、智能化与安全性，成为推动数据资源高效配置与价值转化的核心引擎。这一模式不仅承载着数据采集、存储、处理与分析的重任，更是数据交易规范化、透明化进程中的关键基石。

美国数据交易市场的数据管理系统模式专注于管理企业或个人拥有的信息，核心在于其全面而精细的数据处理能力。正如学术文献所阐述的，"数据管理系统通过集成大数据处理、云计算、人工智能等先进技术，实现了对数据资源的深度挖掘与高效利用，为数据交易市场的繁荣发展奠定了坚实的技术基础。"这些技术的应用，使得数据管理系统能够处理海量、异构的数据，快速响应市场需求，为商业客户提供定制化的数据解决方案。

数据管理系统模式允许在组织内进行安全的数据交换，并从第二或第三方供应商那里获取数据来丰富其企业信息库。这种模式很少包括完整的市场功能，而是局限于保障组织内的数据交换，以此控制每个客户信息围墙内的数据资产的交付和访问。其中一些平台也对交付数据收取类似 IaaS（基础设施即服务）的费用，并对授权卖家收取订阅费。

例如，基于区块链的健康数据聚合平台 HealthWizz 允许用户将自己的健康记录卖给研究人员和制药公司，以换取代币 OmCoins。这种模式体现了数据管理系统在数据交易中的实际应用，通过提供一个安全的交易平台，使个人可以控制自己的数据，并从中获得经济利益。

在数据安全与隐私保护方面，数据管理系统模式同样展现出卓越的性能。通过采用加密技术、访问控制机制及区块链等分布式账本技术，数据管理系统确保了数据在传输、存储和处理过程中的安全性与完整性，有效解决了数据交易中的信任问题。正如研究指出，"数据管理系统通过构建可信的数据交易环境，降低了数据泄露和滥用的风险，增强了市场参与者的信心，促进了数据交易的健康发展。"

此外，数据管理系统模式还推进了数据交易的标准化与规范化发展。通过制定统一的数据格式、质量标准和交易规则，数据管理系统为数据交易市场的参与者提供了清晰、透明的交易框架，降低了交易成本，提高了交易效率。这种标准化的做法，不仅有利于数据的跨平台流通与整合，还为数据驱动的商业决策提供了更加可靠、可比的数据基础。

美国数据交易市场中的数据管理系统模式，以其先进的技术手段、严格的安全保障和标准化的交易流程，为数据交易市场的繁荣与发展提供了强有力的支撑。随着技术的不断进步和市场的日益成熟，数据管理系统模式将继续深化其在数据交易中的应用，推动数据资源的优化配置与价值最大化，为美国乃至全球的数字经济增长注入新的活力与动力。

3. 欧美数据交易市场的监管体系

欧美等国家的数据交易市场监管体系，以其完善的制度设计、多元化的监管手段及前瞻性的政策引导，为全球数据治理树立了标杆。这一体系不仅保障了数据交易市场的公平、透明与高效运行，还有效平衡了数据利用与个人隐私保护之间的关系。

在欧美等国家，数据交易市场的监管体系首先体现在法律法规上。以欧盟为例，《通用数据保护条例》（GDPR）作为数据保护法规之一，为数据处理、存储、传输及跨境流动等各个环节设定了明确且严格的法律标准。GDPR 的实施，不仅增强了数据主体的权利保护，还推动了数据交易市场的规范化发展。正如学术文献所指出，"GDPR 通过设定严格的数据保护要求，促进了数据交易市场的透明度和可信度，为数据交易的参与者提供了清晰的法律框架。"

美国则采取了分散式的监管模式。在联邦层面，虽然没有一部统一的数据交易监管法律，但在不同领域通过了一系列相关法律。例如，《健康保险携带和责任法案》（HIPAA）对医疗数据的保护、《金融服务现代化法案》（GLBA）对金融数据的规范等。此外，各州也根据其自身情况制定了不同的数据保护法规，如《加州消费者隐私法案》（CCPA）。这种分散的监管模式在一定程度上反映了美国数据交易市场的复杂性和多样性。

除了法律法规层面的监管，欧美等国家还注重运用多元化的监管手段来保障数据交易市场的健康运行。一方面，政府通过设立专门的数据监管机构，如美国联邦贸易委员会（FTC）和欧洲数据保护监督局（EDPS）等，来负责数据交易市场的日常监管和执法工作。这些机构不仅具备专业的监管能力和技术手段，还能够及时应对数据交易中的违法行为与风险挑战。另一方面，欧美等国家还积极鼓励行业自律和社会监督，通过制定行业准则、开展第三方评估等方式，推动数据交易市场的自我约束和良性发展。

此外，欧美等国家还在数据交易市场的监管体系中融入了前瞻性的政策引导。他们不但关注当前数据交易市场的现状与问题，还积极预测和准备应对未来可能出现的新情况与新挑战。例如，面对人工智能、大数据等新技术的发展，欧美等国家纷纷出台相关政策，加强对新技术在数据交易中应用的风险评估与监管力度。这一举措确保了新技术在推动数据交易市场发展的同时，不会损害个人隐私和数据安全。

二、我国数据交易市场如何借鉴国际经验实现进一步发展

近年来，我国数据交易市场取得了显著进展，但仍面临诸多挑战，如市场分割、交易不规范、数据安全合规等问题。为推动数据交易市场的进一步发展，我们应积极借鉴欧美等国家在数据交易市场建设、监管和运营方面的成功做法，结合本国实际，探索符合我国国情的数据交易市场的发展路径。

1. 加强法治建设，完善数据交易市场的法律框架

目前，我国尚未形成统一的数据交易法律法规体系，现有法律中对数据交易的规定较为分散，缺乏系统性和针对性。我国可以借鉴欧美等国家的经验加强数据交易市场的法治建设，以欧盟的《通用数据保护条例》（GDPR）为例，该法规不仅规定了数据处理、存储、传输和跨境流动等各个环节的法律要求，还赋予了数据主体一系列权利，如数据访问权、删除权等，为数据交易市场的透明度和可信度提供了有力保障。

我国可以借鉴 GDPR 的立法理念，结合本国实际，制定更加全面、细致的数据保护法规。一方面，明确数据交易的市场规则，包括数据交易的范围、主体、交易方式、权利义务等，为市场参与者提供清晰的法律指导。另一方面，加强对数据交易市场的监管，设定严格的法律责任和处罚措施，对违法行为进行严厉打击，维护市场的公平和秩序。同时，加强对个人数据的保护，完善数据主体的权利保障机制。

2. 构建全方位的监管机制，确保数据交易市场的规范运行

数据交易市场的稳健发展离不开有效的监管，而我国目前数据交易市场的监管体系尚待完善。此外，对于数据交易的事中和事后监管力度也需要进一步加强，以有效预防数据泄露等潜在风险。我国可以借鉴欧美等国家多元化的监

管手段，首先，明确监管部门的职责分工，构建协同监管机制，以促进全方位数据交易市场监管体系的构建；其次，加强对数据交易市场的事前、事中、事后监管，以防范数据泄露、数据滥用等问题；最后，建立数据交易投诉快速响应机制，确保各类交易纠纷能够得到及时妥善处理。

政府作为数据交易市场监管体系的核心，应成立专门的数据交易监管机构，专职负责数据交易市场的日常监督管理与执法工作。这些机构应具备专业的监管能力和技术手段，以便能够及时发现并处理市场中的违法行为。同时，政府还应加大对数据交易市场的宏观指导和政策引导力度，推动市场向规范化、透明化方向发展。

行业自律是数据交易市场监管体系的重要组成部分。我国应积极鼓励行业组织制定行业准则和自律规范，引导市场参与者遵守法律法规和行业规范，提升市场的整体信誉和竞争力。同时，行业组织还应加强对市场参与者的培训和教育，提高他们的法律意识和风险意识。

社会监督是数据交易市场监管体系的有益补充。我国应建立健全社会监督机制，鼓励公众、媒体等社会各界对市场中的违法行为进行举报和曝光，形成有效的社会监督力量。同时，政府还应加强对社会监督的引导和支持，为社会监督提供必要的法律保障和技术支持。

3. 推动数据资源的开放与共享，激发数据交易市场的活力

数据资源的开放与共享是数据交易市场蓬勃发展的基石。为此，我国应当借鉴欧美等国家在数据资源开放共享领域的成功实践，进一步拓宽公共数据资源的开放范围，降低数据获取的成本与难度，从而促进数据的广泛利用和价值转化。

一方面，政府应积极推进公共数据资源的开放。政府掌握的公共数据资源具有广泛的社会价值和经济价值，通过开放这些数据资源，可以激发社会创新活力，推动数字经济的发展。政府应建立健全公共数据资源开放机制，明确数

据开放的范围、方式和条件，为数据交易市场的参与者提供丰富的数据资源。

另一方面，我国还应鼓励企业和社会各界参与到数据资源的开发利用工作中。企业应积极挖掘自身数据资源的价值，通过数据交易、数据共享等方式实现数据的商业化应用。同时，社会各界也应加强对数据资源的关注和研究，推动数据资源的深度挖掘和广泛应用。

4.加强数据基础设施建设，提升技术创新

美国在数据基础设施建设方面投入巨大，建立了覆盖广泛且实时高效的各类网络中心和数据平台。欧盟则建立了涵盖多个领域的"欧洲数据空间"，以促进内部数据的自由流通。我国应借鉴国际经验，加强数据基础设施建设，提升数据处理和交易能力，具体包括加强网络基础设施、数据中心、云计算平台等的建设工作，通过这些举措来提高数据传输速度、存储能力和处理效率。

同时，我国还需大力加强数据技术的创新与应用。伴随大数据、人工智能等技术的持续发展，数据处理和分析的能力也在不断增强。我国应加大对数据技术的研发投入，推动数据技术的创新和应用，为数据交易市场的发展提供强有力的技术支持。例如，利用区块链技术实现数据的确权、追溯和安全交易，利用人工智能技术进行数据质量评估和定价，通过智能算法准确评估数据质量并确定合理价格，通过加密技术确保数据安全等。

此外，建立健全数据交易市场的服务体系也很重要，包括建立数据交易平台、数据评估机构、数据咨询机构等，为数据交易市场的参与者提供全方位的服务支持；同时提升服务机构的专业服务能力和技术水平，为市场参与者提供更高效、更便捷的服务。

5.关注数据交易市场的国际化发展，推动全球数据治理合作

随着全球数字经济的飞速发展，数据跨境流动已成为顺应时代发展的必要趋势。我国应关注数据交易市场的国际化发展，积极参与国际数据治理合作，

推动全球数据治理体系的完善和发展。一方面，我国需要建立健全数据跨境流动的规则体系，确保数据跨境流动的安全性与合规性，并促进数据的国际交流与合作。为此，应采取一系列措施，包括制定完善的数据跨境流动法律法规、构建数据跨境流动安全评估体系，以及强化与其他国家和地区的协作。另一方面，我国应积极将数据交易市场融入全球数据治理框架中，以此提升我国在国际数据治理领域的话语权和影响力。

第三节　数据交易的国际合作与竞争

随着全球化和数字化时代的不断发展，数据交易在国际合作中扮演着至关重要的角色。数据作为数字经济时代的核心生产要素，其交易活动不仅关乎国家经济安全与发展，还推动了技术创新与产业升级。通过数据交易，各国能够共享数据资源，提高数据利用效率，从而推动全球经济的持续增长。

一、数据交易在国际合作中的地位与作用

1. 数据交易在国际合作中的地位

（1）经济增长的新引擎

数据交易作为数字经济时代的核心活动，对全球经济增长具有显著推动作用。通过数据交易，各国能够更有效地利用数据资源，提高生产效率，推动产业升级。同时，数据交易也催生了新的产业和商业模式。数据经纪商、数据交易所等新兴机构的出现，为数据的流通和交易提供了平台和服务，促进了数据产业的发展。据统计，全球数据交易市场规模正以每年两位数的增速增长，预计未来将成为一个万亿美元级的巨大市场。

（2）科技创新的催化剂

数据交易在国际合作中有利于科技创新的交流与合作。各国通过共享数据资源、共同开展科研项目及进行技术创新，加速了科技成果的转化和应用。例如，各国能够共享医疗数据来开展疾病研究和药物研发，从而提升全球医疗水平。

同时，数据交易也推动了人工智能、大数据、区块链等新兴技术的发展。这些技术的应用需要大量的数据支持，而数据交易可以为技术创新提供丰富的数据资源，促进技术的不断进步和创新。

（3）国际合作的重要纽带

数据的跨境流动与交易为各国在经济、科技、文化等多个领域深化交流及合作提供了重要契机，有助于加深彼此间的理解和信任。其中以"一带一路"倡议为例，数据交易能够有力支撑"一带一路"合作伙伴的基础设施建设、贸易投资活动及人文交流，进而推动区域经济一体化进程，实现共同繁荣发展。

数据交易也有助于解决全球性问题。例如，在气候变化、环境保护、公共卫生等领域，各国可以通过共享数据资源，共同开展研究和合作，制定有效的解决方案。其中，在气候变化领域，各国可以通过共享气象数据、能源消耗数据等，共同研究气候变化的趋势和影响，从而制定应对气候变化的政策和措施；在环境保护领域，数据交易可以促进环境监测数据的共享和分析，提高环境保护的效率和效果；在公共卫生领域，各国可以共享疾病监测数据、医疗资源信息等，共同应对全球性传染病等公共卫生危机。

2.数据交易在国际合作中的作用

（1）促进资源优化配置

数据交易作为数字经济时代的核心活动，正以其独特魅力促进全球资源的优化配置。通过跨越国界的数据流动与交易，各国能够更高效地利用数据资源，推动全球经济的创新与发展。

数据交易不仅促进了数据资源的全球共享，还加速了技术、资本、人才等要素的全球流动，从而实现了全球资源的优化配置。具体来看，数据交易通过打破地域限制，让各国能够依据自身需求获取所需的数据资源。这种跨国的数据流动不仅提高了数据的利用效率，还促进了全球范围内的知识共享与技术进步。同时，数据交易也推动了全球产业链的协同与优化，使各国能够更紧密地参与到全球经济的分工与合作中。

数据交易在金融、医疗、教育等多个领域均展现出关键作用。例如，在金融领域，数据交易有力驱动了跨境金融服务的创新与发展，提高了金融资源的全球配置效率；在医疗领域，数据交易促进了全球医疗资源的共享与协作，提升了医疗服务的水平与质量；在教育领域，数据交易推动了教育资源的全球化传播与共享，为更多人提供了优质的教育资源。

（2）推动贸易自由化和便利化

数据交易的兴起不仅促进了全球信息的高效流通，还极大降低了交易成本，为贸易的自由化与便利化开辟了新路径。通过数据的跨境交换与分析，企业能够更精准地把握市场需求，优化供应链管理，减少中间环节，从而加速商品和服务的跨国流动。

同时，数据交易平台的建立，如跨境电子商务平台的广泛应用，为中小企业进入国际市场提供了便捷通道，降低了国际贸易的门槛，促进了贸易活动的自由与便利。数字平台作为数据交易的重要载体，正在重塑全球贸易的格局，推动贸易规则向更加开放、包容的方向发展。

此外，数据交易还促进了跨境支付、物流、保险等贸易服务领域的创新，通过数字化手段简化了传统贸易流程，缩短了交易周期，提高了贸易的整体效率。这些变革不仅符合《WTO 电子商务联合声明倡议》（JSI）中提出的促进贸易便利化的目标，也为构建更加公平、透明、高效的国际贸易体系奠定了坚实基础。

数据交易也促进了贸易规则的创新和完善。各国在加强数据贸易领域合作的同时，还需制定统一的数据贸易规则和标准，解决数据跨境流动中的法律、安全和隐私等问题，为数据贸易的发展创造良好的环境。

（3）提升国家竞争力

数据已成为新的战略资源，其交易活动不仅关乎信息的流通与价值的创造，更是国家竞争力提升的关键所在。通过积极参与国际数据交易，国家能够获取全球最新的市场信息、技术趋势和消费者偏好，从而优化资源配置，促进产业升级，增强在全球市场中的竞争地位。

同时，数据交易还推动了数字经济的飞速发展，为经济增长提供了新动力。数字经济以其高效、灵活、可扩展的特点，正在重塑全球经济结构，而数据交易正是其背后的核心机制之一。数据交易能够激活数据要素的市场潜能，推动数字产业与传统产业的紧密融合，催生新的经济增长点，进而增强国家的整体经济实力并提升国际竞争力。

二、我国在数据交易国际合作中的策略与布局

随着全球数据流动的加速和数字化转型的深入，数据跨境交易已成为不可逆转的趋势。我国高度重视数据交易国际合作，将其视为推动数字经济发展、提升国际竞争力的重要途径。《中华人民共和国国民经济和社会发展第十四个五年规划和 2035 年远景目标纲要》明确提出要"建立健全数据要素市场规则，加快数据要素市场化流通，推动数据资源开放共享"。这一战略定位为我国数据交易国际合作提供了清晰的指导方向。

1. 加强法律法规建设与国际接轨

我国相继出台的《网络安全法》《数据安全法》《个人信息保护法》等法律

法规，为数据跨境流动奠定了法律基础。在国际层面，通过签署双边或多边数据合作备忘录、参与国际数据保护标准制定等方式，我国努力推动数据跨境流动规则的国际化与统一化，为数据交易国际合作奠定了坚实的制度基础。例如，加入《区域全面经济伙伴关系协定》（RCEP）、主动对接《全面与进步跨太平洋伙伴关系协定》（CPTPP）和《数字经济伙伴关系协定》（DEPA）等国际高标准经贸规则，完善了数据交易市场在国际合作中的法律法规，促进了数据交易市场的国际发展。

2. 构建多层次国际合作框架

我国积极参与国际数据治理体系的构建工作，与多个国家和地区建立了数据合作机制，致力于推动多边、区域和双边数据交易合作机制的建立，共同应对数据跨境流动中的安全、隐私保护、主权和管辖权等问题。

在区域合作方面，我国不断加强与周边国家和地区的数据交易合作。通过建立区域数据交易平台、制定统一的数据交易标准和规范，促进区域内数据的自由流动和共享。

在双边合作方面，我国与重要的贸易伙伴国家开展数据交易合作。通过签订双边数据交易协定、建立数据交易合作机制等措施，为两国企业的数据交易提供便利和保障。

此外，我国还加强与国际组织的合作，积极参与国际电信联盟、世界贸易组织等国际组织在数据交易领域的活动，推动国际组织制定有利于我国和发展中国家的数据交易政策与规则。

3. 培养数据要素市场人才

我国正加速培养数据要素市场专业人才，以满足数字经济时代对数据分析、交易、管理等多方面的高技能人才需求。为此，我国通过优化教育体系，增设数据科学、大数据分析、数据治理等相关课程，强化理论与实践相结合的教学模式，旨在培育具备扎实理论基础与实战能力的复合型数字交易人才。同时，政府与企业合作，建立实习实训基地，提供丰富的实践机会，促进人才与市场的无缝对接。此外，通过国际交流与合作，引入国际先进教学理念与资源，拓宽人才的国际视野，为我国数据要素市场的繁荣发展奠定坚实的人才基础。

4. 推动数据标准与规则对接

为促进数据的国际互认与流通，我国积极推动数据标准与国际接轨，加强数据保护规则的国际协调。通过参与国际标准化组织（ISO）、国际电工委员会（IEC）等国际机构的工作，我国努力推动数据格式、数据质量、数据安全等标准的国际化，降低数据交易的跨境障碍。

除了积极贡献中国智慧与中国方案，我国还主动学习借鉴国际先进经验，促进国内外数据标准的融合与统一；同时，加强与其他国家和地区的双边或多边合作，共同探索数据流动与交易的规则体系，降低跨境数据交换的壁垒，提升数据流通的效率与安全性。

5. 培育国际化数据交易服务平台

我国积极支持数据交易平台的国际化发展，鼓励其拓展海外市场，提供跨境数据交易服务。通过搭建国际化的数据交易服务平台，我国不仅促进了国内数据资源的海外输出，也吸引了国际数据资源的流入，促进了数据资源的双向流动与优化配置。

6. 强化数据安全与隐私保护

在数据交易的国际合作中，数据安全与个人隐私保护是核心议题。为此，我国正持续完善数据安全相关的法律法规体系，并强化对数据出境的安全评估与监管工作，以确保个人信息及重要数据的安全。同时，我国还积极参与国际数据安全合作，与多国共同打击数据泄露、数据滥用等违法行为，维护全球数据安全生态。

第六章

数据产权与交易机制：市场的守护神

当前，数据已经成为国家发展的重要资源，也是数字经济时代企业竞争新的赛道。作为市场"守护神"的数据产权与交易机制，既保障了数据要素的有序流动，又为市场的公平竞争奠定了坚实基础。

首先，产权是市场秩序的根本要素。数据产权的明晰，意味着数据的所有权、使用权、收益权和处分权是受法律保护的。这有助于激发企业及个人投资、开发、利用数据资源的热情。市场参与者可以在一个清晰稳定的环境下进行数据交易，在数据产权的保护下，降低交易成本，提高交易效率。

防止数据侵权事件的发生，对界定数据产权具有十分重要的意义。企业和个人的利益很容易在产权不明确的情况下受到侵害，频繁出现资料外泄和滥用的情况。建立数据产权有助于市场主体合规使用数据、尊重他人产权，同时降低市场风险。

其次，建立能够帮助权利主体有序参与数字经济发展的数据产权，是实现数字经济有序发展的基础前提。

数据交易机制是市场活力的源泉，通过实现数据资源的优化配置，可以持续激发市场活力。数据产权与交易机制如同市场的守护神，共同维护着数字经济的繁荣发展。在中国，政府高度重视数据产权与交易机制的建设，并出台相关政策以促进数据要素的市场化配置。《中共中央 国务院关于构建数据基础制度更好发挥数据要素作用的意见》明确了数据产权、流通交易、收益分配和安全治理作为数据基础制度的四大重点，其中数据产权制度是根基。该政策创新性地提出了数据产权"三权分置"制度框架，即数据资源持有权、数据加工使用权、数据产品经营权，以适应数据要素的非排他性、非消耗性特点。

随着数据产权与交易机制的不断完善，中国数据交易市场将迎来更广阔的发展空间。下一步，可通过优化数据服务激活数据开放活力，并依托分类分级确权许可，破解数据交易产业链前期发展中"确权难"的问题。这些举措将促进数据要素价值的充分释放和数字经济的高质量发展，构建健康有序、活跃的数据市场。

总之，数据产权与交易机制是市场的"守护神"。它们为数据要素确立了清晰的流向，创造了良好的市场竞争环境。不断深化数据产权与交易机制的改革，能够充分激发数据的要素潜能，在新的时代背景下为我国数字经济的高质量发展提供帮助。

第一节　数据产权保护：市场的基石和堡垒

一、数据产权的重要性和保护措施

1.数据产权及其重要性

数据产权是指对数据拥有的所有权及相关权利。它包括数据的占有权、使用权、收益权和处分权。在数字经济时代，数据作为一种新型的生产要素，其产权界定对于促进数据资源的合理利用、保护数据主体权益、规范数据市场秩序具有重要意义。

数据产权的重要性在数字化时代日益凸显，主要体现在以下几个方面。

（1）数据产权的明确界定对于数据要素市场化配置至关重要

数据产权的明确界定能够减少数据在市场化流转和交易过程中的障碍，包括定价、价值核算和收益分配等方面。这使得数据要素更容易进入市场，并通过市场机制进行有效的流转和交易，从而达到优化配置的目的。简而言之，清晰的数据产权界定是数据市场化配置的基石，它为数据的自由流动和高效利用提供了必要的条件。

（2）数据产权制度是数字经济创新发展的催化剂

数据产权制度能够确保数据驱动的创新具有连续和充足的数据资源，创新动力强劲。由于数据具有非竞争性，为了使社会价值最大化，产权设计应鼓励开放流通，共享数据。这样的设计既促进了数据的广泛运用，又为数字经济的不断壮大起到了推波助澜的作用。

（3）促进数据共享与协作创新

完善的数据产权制度能够促成数据共享，促进不同平台与经济主体的合作创新，加快数据资源整合使用，促进跨界、跨领域创新新质生产力。

（4）促进创新发展数字经济

数据产权制度为数据驱动的创新提供持续、充分的数据基础和强劲的创新激励，助推数字经济的创新发展。数据要素的非竞争性特征意味着数据产权设计应有利于促进数据开放接入、流转交易和共享再用，实现数据社会总价值的最大化。

（5）数据在现代经济中扮演着重要角色

数据提升了土地、劳动力、资本和技术等传统生产要素的效率。建立数据产权制度有助于更优地配置资源，推动实体经济向前发展。这种制度激发了生产力的创新，对生产生活、经济增长及社会治理产生了深远的影响。简而言之，数据产权制度的建立不仅优化了资源配置，还提升了全要素生产率，为社会带来了全面积极的变化。

（6）数据产权制度促进规模报酬递增和产业转型升级

数据要素的开发利用能够促进规模报酬递增，打破传统生产要素有限供给对经济持续增长的制约。同时，数据要素推动了产业实现深度转型升级，催生出新产业、新业态、新模式。

（7）保护个人隐私和信息安全

在数据产权制度的框架内，可以确保个人数据权益得到维护，同时强化个人隐私和信息安全，有效防止个人信息被不当使用和侵犯。

数据产权制度的健全程度直接影响新技术、新业态的创新水平，是提升数据流动、开发、应用层次的前提。数据产权越明确，越能促进新技术、新模式迅猛发展，为企业营造更加稳定、优质的创新环境。数据产权制度可以为数据主体提供正当保护，促使它们开展创新活动，为新技术、新产品的研发和应用投入更多的创新资源。同时，数据产权制度能够促使不同平台、不同经济主体之间加快数据资源的整合和运用，促进新质生产力的跨界和跨领域创新，从而实现数据共享。

2. 数据产权的保护措施

数据产权的保护措施是确保数据产权得到有效实施和保障的重要手段。国家、行业组织、企业等主体可以从以下几方面为数据产权保护助力。

（1）数据产权的登记与确权

我们应当建立数据产权登记制度，对数据产权进行登记和确权，并为不同的主体赋予相应的权利，确保数据产权的行使有明确的法律依据；同时，以提升数据要素配置效率、保障数据开发与利用的市场秩序、激励数据技术研发与应用的主动性和积极性为目标，合理界定初始数据权利的归属。

（2）对数据进行细致的归类和分级，做到有的放矢

我们可以根据不同数据的敏感度、重要性，对可开放的数据予以放量流通，对敏感数据进行严格管控，确保每类数据都能得到适当的保护。对于那些涉及国家安全、商业秘密或个人隐私的数据，要采取比较严格的管理和保护办法。这样做不但可以保障重点信息的安全，还可以为数据的合理利用起到一定的指导作用。

（3）通过技术手段强化数据产权保护

保障数据安全，防止未授权访问和信息泄露，是我们在数字时代必须面对的挑战。加密技术在这方面发挥着至关重要的作用，它像是一道坚固的屏障，保护着敏感数据，确保只有得到授权的人才能接触到这些信息。此外，它还能在数据传输过程中防止数据被窃取或篡改，为数据安全提供了一层额外的保护。

当我们谈论数据的真实性和不可篡改性时，区块链技术就显得尤为重要。这种技术通过分布式账本记录数据的每一次变化，不仅保证了数据来源的透明性，也确保了历史记录的不可变性，为我国数据安全增加了一道不可逆的防护。

在数据传输方面，数字签名技术发挥了重要作用，既确保了资料的完整性，也保障了发送行为的不可否认性。这就像为数据传输过程加上了一把锁，保证数据在传输过程中不会被篡改，同时也使发送方不能否认所发送的内容，从而在法律与技术上给予数据双重保护。通过这些技术的结合，我们可以创造一个安全可靠的数据环境。这不仅为数据的合法使用和流通奠定了坚实的基础，也为数据资产免受威胁保驾护航。在此基础上，各类主体能够更加放心地利用数据，推动业务的开展与创新。

（4）建立数据产权监管机制

在数据产权流转过程中，监管机构应对非正当行使数据产权权利的行为进行监督，防止其危害数据产权交易，影响数据要素的市场行为。

（5）构建数据产权立法和司法保护体系

为了实现这一目标，国家制定了一系列法律法规，如《数据安全法》。这为数据产权的保护提供了坚实的法律支撑。此外，国家还动用司法力量，坚决捍卫数据产权所有者的合法权益。对于那些侵犯数据产权的行为，依法从严惩处。这些举措不仅巩固了数据产权的合法地位，也保护了产权所有者的利益，为数据的合理使用和安全保护筑起了一道坚固的防线。

二、交易机制如何保障数据交易的公平公正和透明

1. 数据交易机制

数据交易机制是指在一定条件下，允许数据拥有者（数据提供方）与数据需求方进行数据交换或买卖的一套规则和体系。该机制通常包括以下几方面。

（1）交易平台

政府批准设立的数据交易所、行业协会运营的在线平台或合规线下市场，为买卖双方提供一个可靠的交易环境。

（2）数据定价

平台引入定价模型，制定公开透明的定价策略，帮助买家与卖家针对数据价值快速达成共识。

（3）数据确权

登记机构对数据的所有权、使用权、收益权进行清晰界定，确保交易标的合法、权属无争议。

（4）交易规则

监管机关与平台联合制定包括交易流程、付款方式、争议处理等在内的数据交易规则。

（5）数据安全与隐私保护

交易各方须采用数据加密、匿名化处理等技术手段，确保交易过程中数据安全和个人隐私不被泄露。

（6）监管机制

监管机制是政府用以监督数据交易、确保全过程依法运行的一套规则。它的宗旨是保护消费者、企业和社会整体利益，同时让数据在合法、安全的轨道上流动。在数据交易领域，政府作用尤为关键：通过制定并执行这些规则，确保每个交易环节都在法律框架内进行。

监管既维护交易公正，也为市场营造可信环境，防止数据被滥用或违规交易；既推动市场健康发展，又守护个人隐私与企业数据安全。凭借细致入微的监管措施，政府引导市场参与者在清晰规则下开展交易，保障数据交易透明、责任可追溯，从而助力经济创新与成长。监管机制如同政府为数据交易市场铺设的一张安全网，确保交易合法、各方利益受保护，并为数据高效利用奠定坚实基础。

（7）服务体系

服务体系以提高数据实用性为核心，通过标准化流程帮助客户清洗数据冗余与错误，统一格式，并开展深度分析，提炼高价值洞见。简而言之，它让杂乱数据变得清晰、可用。

在激发数字经济潜力、保障交易双方权益、维护市场健康发展的同时，数据交易机制以数据资源的高效配置和充分利用为核心目标。该机制不仅推动数据从资源到资产再到资本的三级跃升，更为经济增长与科技创新注入持续动能。

2. 保障数据交易公平公正和透明

（1）公平性的保障

①平等的市场准入

让符合要求的市场主体全部进入数据交易市场的必要条件是，必须保证交易机制一视同仁：无论大型企业还是初创型中小企业，都不存在不合理的准入门槛。通过制定"合法经营资质＋良好信用记录"的统一准入标准筛选合格主体，既能避免歧视，又促进了充分竞争。

例如，政府及监管机构可为申请参与数据交易的企业或个人建立统一的登记与审核制度，严格审查其是否满足基本法律及道德要求；凡经审核通过者，均可在同一规则下平等交易，享有同等权利与机会。

②合理的价格形成机制

保障数据交易公平的一个关键因素是价格公平。交易机制应在保证数据价格真实反映其价值的基础上，建立科学合理的价格形成机制。市场定价、成本加成定价、协商定价等多种途径均可采用。

市场定价是指价格由供需双方依据市场供需关系决定，供应量的变化将直接影响数据在交易市场上的价格。若某类数据需求旺盛而供应稀缺，则价格上涨；反之，供应过剩则价格回落。通过市场定价，使数据价格更趋合理，真实反映其市场价值。

成本加成定价是指在数据生产成本的基础上加一定利润比例来确定价格。对于一些具有独特价值或成本较高的数据产品，这种定价方式尤为适用。例如，某些专业领域的数据分析报告制作成本高，通过成本加成定价可确保数据提供方获得合理收益。

协商定价是指交易双方通过协商，就所交易数据达成一致价格。该方法适用于长期合作关系或数据价值难以量化的特殊情形，可在兼顾双方利益与需求的基础上形成令双方都满意的价格。

③公平的交易规则

交易机制应在交易过程中制定一套规则，保证所有交易当事人遵守相同规则、受到同等对待。规则内容涵盖交易流程、方法、时间、地点以及当事人的权利与义务。以交易流程为例，数据的发放、查询、洽谈、签约、交付等各环节须条理清晰、职责分明。为满足不同参与者的需求，可提供在线交易、线上线下相结合、拍卖等多种方式，使各交易者都能找到合适平台。同时，应合理安排交易时间：既可根据主体差异设置多个时段，也可提供 24 小时服务，确保各方及时成交。线上平台须保证注册、登录、浏览、下单、支付、物流跟踪等流程简便顺畅，不设额外限制；线下场地则应交通便利、设施齐全。标准化流程可减少不确定性、提升效率；公开商品信息、价格及交易细则，则能增强信心，推动交易平稳运行。

同时，交易规则必须明确界定交易各方的权利与义务。例如，数据提供者须对采购方按月支付的资金予以担保；交易双方均有义务确保交易安全并严格遵守相关条例。为此，在数据传送过程中，双方应采用加密技术与访问控制措施，防止数据外泄或被未经授权者访问；同时，定期进行相互评估，一旦发现安全或隐私隐患须立即处理。对违反交易规则的行为，规则应设定明确的处罚措施，包括罚款、终止合同乃至提起诉讼。该规则旨在保护守约方、惩戒违约方，维护交易公平。随着技术进步与市场环境演变，交易规则亦需及时更新，以应对新挑战。

（2）公正性的保障

①独立的监管机构

为切实保障数据交易的公正性，国家应设立独立的数据交易监管机构。该机构须具备权威性、专业性与独立性，专门负责对数据交易市场实施全流程监管，确保交易活动合法合规。

数据交易监管机构的职责包括制定监督规则、审查交易主体资格、监督交易全过程，并受理投诉与纠纷。通过独立设置，该机构可有效避免监管利益冲突，保证监管的公正性与有效性。例如，监管机构可对申请参与数据交易的企业或个人设定严格的市场准入标准，进行全方位审查，确保其具备合法经营资格与良好资信记录；同时，对交易流程进行实时监控，发现违规行为即刻处置。此外，监管机构须建立高效的投诉和纠纷处理机制，对交易各方的投诉和纠纷及时响应、公正裁决，切实维护交易公正。

②公正的仲裁机制

在数据交易过程中，纠纷及争议在所难免，为此必须建立独立、公正的仲裁机制。仲裁机构与仲裁人员须独立于交易双方，并具备丰富的专业经验，依据事实与法律作出有理有据的裁决，以充分保障双方正当权益。

当交易双方发生纠纷时，可共同或单独向仲裁机构提出仲裁申请。仲裁机构应在规定期限内受理，及时组织听证，全面听取当事人意见，审查相关证据，并依照相关法律法规及交易规则作出裁决。当事人如对裁决结果不服，可依法向人民法院提起诉讼。

③严格的法律约束

法律是确保数据交易公正的重要手段。为保证交易活动的正当性，在法律框架下建立交易机制十分重要。政府要为数据交易提供法律支持，在数据交易的范围、方式、主体、权利和义务方面，制定完善的数据交易法律法规。同时，加大违法成本，增强法律威慑力：针对违反数据交易法律法规的行为，制定严厉的处罚措施，如对数据的非法获取、买卖及使用等行为依法予以刑事追诉；对违反交易规则的主体，依法追究民事赔偿责任。通过这些措施，有效保护合法交易，同时对试图违反规则的人形成强有力的警示。

（3）透明性的保障

①公开的交易信息

交易机制必须公开、透明地披露数据交易信息，包括数据来源、质量、价格及交易双方身份等资料，使市场参与者充分知情并据此作出决策。为此，应建立统一的数据交易信息平台，集中发布和管理所有交易信息。平台须详细列示数据的描述、用途、质量评价报告等，供交易双方随时查询；同时公布交易双方的身份资料及信用记录，帮助各方了解彼此信誉。此外，信息披露须覆盖交易全过程与最终结果——从洽谈、签约到交付的每个环节信息均应及时发布，确保市场参与者对交易进展一目了然。

②透明的交易流程

为使交易各方对交易环节和操作步骤一目了然，交易机制须建立透明流程，涵盖资料发布、资料查询、谈判协商、签约、交割等关键环节，并为每一环节设定明确的规范与标准。在资料发布环节，数据提供方须按统一格式和要求完整披露数据来源、质量、用途等关键信息；在资料查询环节，数据购买方通过交易信息平台检索并核实所需数据的详细资料；在谈判协商环节，交易双方可线上或线下就交易意向进行充分沟通、协商并达成一致；在签约环节，交易双方通过书面或电子合同明确各自权利与义务；在交割环节，数据提供方按合同约定向购买方交付数据，并确保数据质量与完整性。

③可追溯的交易记录

为保证交易活动各个环节有记载可查，必须建立可追溯的交易记录体系：完整记录交易时间、地点、参与方、交易内容等关键信息，并统一存入数据交易记录资料库，集中存储、管理全部成交记录；记录采用加密技术进行存储，以确保数据安全。

交易记录须具备全程可追溯性，所有历史记录及变更信息均可实时查询。当发生纠纷时，这些可追溯的交易记录可为仲裁机构或监管机构提供有力证据；同时，也可为市场参与者了解交易形势与动向、做出明智决策提供参考。

综上所述，建立公正、公平、透明的交易机制是数据交易顺利进行的要义：以平等的市场准入、合理的价格形成机制和公平的交易规则保障公平；以独立的监督机构、公正的仲裁机制及严格的法律约束保障公正；以公开的交易信息、透明的交易流程和可追溯的交易记录保障交易的透明度。唯有完善的交易机制，方能促进数据交易市场健康发展，进而推动数字经济繁荣。

第二节　建立健全的数据交易机制与市场秩序维护

一、如何加强数据交易市场的监管

1.数据交易市场及其监管

在数字化信息时代的浪潮推动下，数据交易逐渐变得普遍且规范化，其交易的载体——数据交易市场也在不断地发展壮大。数据作为新兴的经济资源，越来越受到重视，市场交易的制度完善与技术层面的发展也备受关注。因此，确保数据交易市场的规范化发展是当前的重中之重，只有在一个规范的环境下，数据交易才能健康有序地开展。

全国人大也发布了相关文件，明确要求建立适当的规则，以加快和保障数据产权交易行业的发展。这些文件对数据交易市场的制度完善和监管给予了有力的推动与督促。

数据交易的一大趋势是市场规模逐年增大，预计在未来十年内实现显著增长。同时，数据交易市场的成长与数据对经济的推动作用密不可分。因此，建立必要的市场机制，以确保数据交易对经济发挥积极的正向作用，是推动经济多元化发展的重大基础支撑。

数据交易的构成包括交易双方及交易对象。其中，交易双方需要在一种确定的方式下完成交易，这就要求数据交易市场除了提供交易平台，还必须关注交易公平性和流程规范性等方面的问题。这也表明，尽管数据交易市场前景广阔，但其发展面临着多重挑战，交易市场的问题直接影响数据交易制度的发展。

（1）数据隐私与安全保护

数据资产作为一种电子形式的资源，由于其性质的特殊性，其隐私与安全性相比传统形式的资产更需要受到多方面的重视。数据本身可能涉及个人隐私或企业机密，因此数据泄露及数据滥用等情况会给交易双方带来一定的风险。

由于数据交易仍处于发展的大趋势中，数据的安全性和隐私性离不开科技层面的技术支持。此外，法律对数据资产的保障与处罚机制还在不断完善。因此，数据本身的安全性是交易的一大重点。法律为确保交易的安全进行而采取的一些保守型措施，可能会对数据交易的形式和效率带来影响。如何在保障数据安全与合规化的同时提升交易效率，是未来需要解决的重要问题。

（2）交易过程的透明公正性监管

由于数据种类的多样性和内容的复杂性，根据市场行情为数据交易双方制定一个公正的价格至关重要。

首先，要保障交易双方的信息透明度，对数据资产的内容和质量以及价值的评估，应有大致相同的标准和流程。如果无法做到客观了解和评估，后续的定价将难以进行。

其次，在数据交易中，数据的控制方即卖方往往更了解数据的质量和潜在问题，而买方可能因信息不足，难以准确判断数据的价值。因此，信息不对称会使交易双方在交易价格的认定上存在分歧，进而对公正的定价形成干扰。

由于数据类型众多，不同的数据类型也有稀缺和普遍之分，加之波动的市场环境，不对等的供需关系可能影响数据价值的准确性。特别是稀缺资源的特殊性质，可能会使买方失去公平竞价的机会，甚至破坏市场的有序和健康交易秩序。

综合来看，多种因素可能导致交易双方在信息和数据方面产生对立关系。因此，交易过程中的信息透明与公正显得尤为重要。如何引入客观的第三方评测机构和程序，以实现交易信息的对称与公正，仍需进一步探索和完善。

（3）跨境数据监管

跨境数据流动的合法合规是监管的重心。由于各个国家和地区的相关技术、市场和法律法规存在差异，各国对跨境数据交易的态度也有所不同。首先，数据的出入境必须经过批准，这在一定程度上限制了数据市场的国际化发展。此外，数据产权归属尚未有全球统一的法律框架，不同国家或地区在数据产权界定方面存在显著差异，这影响了数据资产化和跨境交易的进程。产权界定模糊导致数据拥有者在交易中的权益难以得到充分保障，尤其是在数据的二次使用和转售环节。

因此，综合上述现象和问题，健康有序的数据交易市场需要在数据资产安全性保护、交易透明度以及公开合理的定价流程等方面加强监管。同时，应在相关领域完善现有的制度和体系，以保障交易的顺利进行和发展。

2.加强数据交易市场监管的措施

加强对数据交易市场的监管，是确保数据交易合法性、保护数据权益、维持市场秩序的关键环节。随着数据交易市场的发展，隐私保护、数据权属、交易规范等问题也逐渐暴露出来。加强监管不仅是维护市场秩序的必然要求，也是保障数据交易公平、公正、透明的必要手段。

以下将从完善法律、加大监管效率；提高市场准入门槛及资质认定标准；引进区块链等技术手段协助监管；加强行业自律规范化建设等方面具体阐述如何加强数据交易市场的监管。

（1）完善法律，加大监管效率

在数据交易过程中，数据资产的产权是重要前提。保障数据资产的安全性，防止隐私泄露和机密信息被窃取，是维护交易市场秩序的基础。另外，不同国家和地区对数据资产所有权的界定存在差异，制定统一的数据产权法律框架是规范数据交易市场的关键。只有明确了数据的所有权、使用权和交易权，才能有效减少交易过程中的纠纷。

逐步完善数据交易流程的规范性，对市场上的所有交易进行统一的流程规定，并建立客观的数据评估程序，以避免因信息不对称等因素导致的不公平交易。这不仅肯定了卖方的数据价值，也保护了买方的权益，从而保障了交易的公平性。

跨境数据流通已成为全球数据交易的大趋势。为了促进经济的多元化融合和沟通，加强不同国家和地区间数据交易的制度保障，监管机构需要制定合理的跨境数据流转法律，明确数据出境的合规要求。这将有效避免国际流通过程中对敏感数据的不当利用或泄露，同时促进跨境数据交易的规模和效率，保障传输过程的安全。

（2）提高市场准入门槛及资质认定标准

监管机构应制定合理的市场准入门槛，对数据交易平台、数据提供方和需求方进行资格认证，以防止数据交易市场出现违法违规行为。为保证交易平台具有合法、合规、安全的数据交易能力，准入标准应涵盖数据安全保护能力、隐私保护措施、平台技术水平等方面。通过设定市场准入门槛，可以杜绝资质较差的公司进入市场，从而达到控制市场风险的目的。

监管机构可在确保数据交易平台的数据处理、交易流程和安全保障等符合国家法律法规的前提下，引入第三方认证机构对数据交易平台进行合规审核。审核内容包括平台的数据存储安全、隐私保护机制等。只有达到认证要求的平台，才可以开展数据交易业务；而未达到要求的平台，则不能从事数据交易业务。这一举措不仅保证了交易平台的合规性，也为用户提供了更加放心的交易环境。

（3）引进区块链等技术手段协助监管

区块链技术是一种适合监管的技术手段。由于其去中心化和不可篡改的特点，监管当局可以实时追踪数据流通过程。通过在区块链上存储数据交易记录，能够确保交易过程的透明化和可追溯性。此外，区块链还可以引入智能合约，确保交易各方遵守合同条款，从而实现数据交易流程的自动化。

（4）加强行业自律规范化建设

数据交易行业正在推动自律机制，建立数据交易标准和规范。为促进市场有序发展，行业协会、数据交易联盟等机构也在推动包括数据格式、定价模型、质量评估等在内的数据交易标准化工作。跨国数据交易的合规性对国际间协调机制提出了更高要求，需要建立更加透明、可信的市场环境，提升企业和平台的自律能力，并强化社会监督作用。

快速发展的数据交易市场在创造广阔空间的同时，也给数据资源的利用和流通带来了监管上的挑战。监管者和市场参与者需要共同努力，为数据产权和交易安全提供一个公平、透明、安全的市场环境。

二、维护市场秩序，促进数据交易的健康发展

1. 数据交易市场的法律基础

数据交易市场的法律基础是规范数据交易行为、保护数据权利人权益、确保数据交易合规的重要支撑，同样，数据交易市场的健康发展离不开系统的法律体系。以下将对数据交易市场的法律基础进行详细分析。

（1）严格的数据所有权保护

严格的数据所有权保护是数据交易市场建立的核心法律基础。在数据交易中，数据的所有权必须明确。明确数据产权归属，有助于在交易中避免利益冲突。当前，许多国家尚未形成统一的产权界定标准，但普遍重视数据权属的明晰化。

数据交易市场必须确保数据使用权在法律框架内合法授权。数据所有方通过授权合同为其他各方赋予使用权，为防止数据被滥用，需要在合同中明确数

据的使用范围、时间和用途。为保护数据权利人及使用者双方的合法权益，对于缺乏明确授权的数据交易，法律应予以限制。

（2）数据内容合规化

交易市场必须有高标准的数据安全保障措施，这是由数据的敏感性及隐私特性所决定的。各国法律要求交易方通过合规审查的方式，对数据内容进行加密保护，确保其流通的正当性。为了防止数据在交易过程中被篡改、泄露或滥用，数据交易平台需要建立安全防护机制，以确保交易过程中的信息安全。

（3）严格的合同管理

数据交易合同是法律文书，对交易的正当性具有重要的保障作用。与合同相关的法律法规的适用，为数据的买卖、授权使用等提供了明确的法律基础。数据交易合同中应包括保证交易过程合规的条款，如使用范围、权利义务、保密条款、违约责任等。为了避免因内容不规范而导致纠纷的发生，数据交易合同还需要在法律的指导下制定标准格式。

在数据交易市场中，作为中介机构的交易平台，不仅要对交易内容的合规性进行审查，还要保护交易双方的权益，并负起相应的法律责任。许多国家都要求数据交易平台在交易过程中对数据的安全性负责，确保数据的正当来源及合理运用。同时，为防范可能发生的法律风险和违规行为，平台需要建立风险管控和信息披露机制。

（4）行业标准统一化

数据标准和技术标准在内的行业标准，是数据交易市场规范化的重要基础。行业标准的配套是数据交易市场标准化的关键，这些都需要监管机构进行严格的统一和规范。任何交易行为都必须在合规范围内进行。规范化的措施可以有效提高交易的透明度与安全性，减少交易过程中的摩擦现象。为保证交易的公平、公正及透明，监管当局应当颁布指导性政策，引导该行业建立符合国际标准的交易规范。

行业自律是发展良性数据交易市场的基础，也是确保市场健康发展的关键。在法律的指导下，由数据交易行业组成的行业协会应制定自律规范，并对相关机构加以约束，引导数据交易市场的参与者恪守行业道德标准。

（5）侵权和追责

对于数据交易市场上的侵权行为，必须建立明确的法律责任追究机制，并制定清晰的追责办法。为防止数据外泄和滥用造成的经济损失，法律应明确规定数据交易中的侵权责任，严格界定各项违规行为的界限，并培养交易各方对侵权责任的了解、遵守和维护意识。同时，法律应建立完善的纠纷解决机制和仲裁制度，确保交易中出现的分歧能够得到及时、公正解决。建立数据交易仲裁机制的根本目的，是为交易双方提供一个公平、快速的纠纷解决渠道，保障数据权利人及交易方的合法权益。

综上所述，数据交易市场的法律基础涵盖了数据产权确认、合规管理、行业自律、责任追究等诸多方面。这些制度不仅有效保护了数据权益、增强了市场信任度，还大力促进了交易的规范化发展。随着数据交易市场的不断壮大，提高跨境数据流动效率将成为未来市场健康发展的核心保障。

2. 建立数据交易市场秩序的机制

在数据交易市场中，保证市场的和谐发展和交易的安全至关重要。为此，建立市场秩序是基础，具体可以从以下几方面入手。

（1）建立监督举报机制

在法律框架下，数据交易市场需要对各种交易行为进行规范。首先，立法机构应建立涵盖数据产权、隐私保护、交易合规等方面的综合法律框架，以保障交易各方的权益和市场的合规性。其次，监管机构应明确数据的权属划分，杜绝违规数据使用的可能性。同时，通过设立针对数据交易违规行为的举报机制，对发现问题并举报的人员给予适当的奖励。在保障举报人隐私安全的前提下，对违反契约及不遵守行业要求的参与者进行通报并予以严厉处罚。最后，监管机构应监督市场参与方的交易行为，确保市场规则得到全面遵守和有效管理。

（2）建立交易流程反馈机制

规范管理数据交易平台有利于促进成交效率，提升市场交易的公开化和透明化。然而，在市场仍处于发展阶段的情况下，一些问题的暴露难以避免。因此，建立交易市场参与者的问题反馈机制，可以最大程度地收集当前市场流程的短板。秉承"只有认识到问题，才能更好地发展"的理念，监管机构和市场参与者应不断完善和创新交易流程，以适应整个数据交易市场的发展需求。

（3）建立数据质量抽查审核机制

为保证平台交易数据的真实性、准确性和完整性，数据交易平台应建立严格的数据质量审查机制。对于达到一定体量的交易市场，监管机构应定期设置抽检任务。这不仅有助于解决交易中已暴露的问题，还能对正常交易进行随机审查，从而对数据所有方提出更高要求，并从多角度评估整个市场的数据质量。

（4）建立信誉考核机制

数据交易平台可以根据服务质量、数据质量、交易记录等，为数据提供商建立认证和信誉评级体系。这不仅能帮助买家了解交易对手的水平，还能让数据质量好的所有方积累信誉，从而促进和谐、公正的交易，形成正向促进的良性循环。

另外，数据交易市场应当建立信息披露制度，要求数据提供者对数据的来源、质量、用途、使用限制等信息进行披露，并在交易过程中予以展示。这样不仅能让优质的数据所有方提升信誉，还能为整个市场环境起到模范带头作用。

总体而言，建立数据交易市场秩序的机制涉及多个方面。通过这些机制的实施，数据交易市场的交易行为能够得到有效规范，从而为交易参与者带来积极影响。同时，健全的市场秩序有助于实现数据资源的高效配置和创新应用，进而促进数据市场的长期健康发展。

3.促进数据交易市场健康发展的措施

保障数据市场稳定、透明、公正，促进数据资源合理流动和应用创新的具体措施如下。

（1）对优质的数据提供方提供正反馈

数据交易平台应建立包括真实性、完整性、及时性在内的交易数据综合质量评估机制，对数据质量进行认证。同时，通过评估参与者的信誉体系，对信誉较高的参与者给予一定的奖励和宣传。这不仅能提升高质量参与者的竞争力和影响力，还能对整个市场环境产生积极影响，营造一个积极向上的氛围。

（2）不断完善处罚机制

监管部门应制定并实施对数据交易市场的监管政策，监督市场运行中的违法违规行为，不仅要对优质参与者给予支持，还要对劣质参与者进行处罚。根据交易反映出的问题和举报情况，监管部门应对同一类破坏市场环境的行为进行长期观察。如果同一类问题在处罚后仍未得到改善，监管部门应考虑对违规者采取更严厉的打击和处罚措施，严重者可取消其市场资格。严厉的处罚机制可以起到威慑作用，对不规范行为起到震慑作用，使市场参与者守法有章可循，促进市场的良性运转。

（3）第三方机构审核机制

为了保证市场行为的公正性，监管部门应引入独立的第三方机构对数据交易平台及市场交易行为进行审查，以确保市场行为的公平性和透明性。独立的审计不仅可以对市场进行有效监督，还能增加市场参与者对交易过程的信任程度。

上述举措共同作用，有助于建立一个透明、规范的数据交易市场环境。通过严格的法律保护、先进的技术支持和多样化的教育推广，数据交易市场能够吸引更多的合规参与者，从而为数字经济的持续发展提供有力支持。

第三节 数据交易机制的创新方向与发展

一、数据交易机制的问题与创新方向

1. 目前数据交易机制存在的问题与不足

在数据交易市场规模和效率快速发展的过程中，交易机制暴露出了许多不足和弊端。如果这些问题能够得到有效解决，将有助于改善数据的流通和共享。特别是在技术层面，还需要更大的发展空间，以支撑起整个体系的强大框架。

（1）保护数据隐私需要技术层面的多维度发展

目前，数据匿名化仍不充分，个人身份信息或企业敏感数据一旦泄露，隐私风险随之放大。许多企业在交易前未严格执行匿名化与脱敏标准，交易双方在隐私保护的投入和理解上也存在差异，导致同一批数据在不同环节面临不同程度的泄露隐患，根本症结在于缺乏统一的隐私保护技术规范。

尽管部分国家和地区已出台隐私保护法规，但多数平台的技术措施仍不到位，法规威慑与技术防护尚未形成有效闭环。因此，唯有在法规框架下同步强化技术层面的多维保障，才能从源头降低隐私泄露风险。

（2）地区的标准差异

在数据交易市场中，许多国家与地区尚未建立完备的法律体系，导致交易合规性不足。即便在法规相对完善的地区，与标准缺失地区的参与者协作时，也因规则差异而导致沟通效率低下，从而阻碍数据交易的全球化进程。

（3）客观的第三方机构制度尚不完善

目前，数据交易平台的评估标准参差不齐：部分平台缺乏必要的技术与安全保障，甚至存在违法交易。引入并规范第三方评估审核，可在很大程度上防范此类风险。然而，如何遴选合适的第三方、如何界定其权责与运营机制，仍是亟待研究和解决的关键问题。

2.未来数据交易机制的创新方向

未来数据交易机制的创新将聚焦三大方向：产权确权与隐私安全、技术赋能、跨境数据流动。这些方向的突破可为经济与社会各领域提供可持续的数据流通方案。可能的演进路径如下。

（1）完善的数据产权技术保护

在数据特殊属性下，技术手段居于核心地位。数据交易平台应通过持续完善数据库，对数据资产所有权进行登记、比对与溯源，并设置技术权限，使未经授权的非法数据一律禁止读取和使用。

（2）智能化数据定价方式

定价历来是交易难点。未来，交易平台可引入动态智能定价模型，综合数据用途、应用价值、市场供需等多维因素，利用人工智能算法与大数据分析进行价值评估，为买卖双方提供科学、公平的定价依据，并可根据需求实时调整价格，提升交易效率。

（3）数字化信誉体系与交易责任追溯

市场规范不仅依靠法制，也依赖道德约束。数据交易平台可在交易机制中嵌入数字化信誉系统：实时记录交易双方履约与违约情况，经多维度评估后生成客观信誉分，供交易对手参考；同时实现责任全程可追溯，促使参与者自律。数据交易平台还应完整记录交易双方行为，据此高效划分责任；对屡次违规者先行警告，屡教不改者直接撤销其交易资格。

总之，数据交易机制的创新必须向产权与隐私保护、技术赋能、市场规范、道德约束等多维度同步拓展。依托这些创新，数据资产才能在全球范围内合法、合规、高效流动，交易体系也将朝着更高透明度、更强合规性、更高效率的方向演进，为数字经济注入持续动能，并推动数据交易市场长期健康发展。

二、未来数据交易市场与交易机制

1. 未来数据交易市场展望

未来，数据交易市场将成为全球数字经济的重要支柱之一。数据交易市场有望在规模、规范、创新应用等方面实现全面提升。数据资源和技术发展是推动市场进步的两大重要因素。以下是对未来市场的前瞻。

首先，数据交易市场将呈现出全球化、规模化的态势，面向全球经济的多元化发展。随着各国对数据资源价值认识的提高，在统一的市场框架下，不同国家和地区的数据资源能够实现高效流通，未来数据交易市场将进一步全球化，跨境数据交易逐渐成为常态。全球化、规模化将促进数据资源的自由交换，带来国际合作的新机遇，也将带来跨境应用的新机遇。未来，跨国数据交易平台或将出现，以满足全球用户需求的多语言、多币种、多时区管理模式。

其次，推动市场变革的是技术创新。区块链、人工智能、隐私计算等新技术的成熟和应用，将带来市场变革，数据交易市场将以技术创新为驱动，提升数据交易的安全和速度。此外，区块链技术将实现数据交易的全程跟踪和不可篡改性，使数据流通更加透明可靠。

最后，数据交易类别将拥有更多的可能，从基础的结构化数据扩展到视频、音频、文本等非结构化数据，乃至实时数据、动态数据等时效性较强的内容。这种多类型的数据交易将满足更多行业的需求，如媒体领域的视频音频应用、金融交通领域的实时数据等。

随着技术革新的推进，数据交易将获得更高效的配套支持。在未来，数据交易市场将走向全球化、正规化与多样化。在严格的监管框架内，数据交易场所将沿着透明、安全的发展路线前行。作为一种新型生产要素，数据将驱动各行业实现智能化与数据化变革，并通过市场的高效配置，进一步助推数字经济，促进经济发展。

2. 数据交易机制如何适应未来数据交易市场的发展

数据的交易机制必然是公开、有效、公平的。未来的数据交易市场将经历规模化、全球化与多样化的迅猛发展。

去中心化交易机制能够在数据交易中实现可靠的记录与追溯，并凭借去中心化、不可篡改、透明化的特点，显著提升数据交易的保障系数。未来的数据交易机制可通过区块链网络中的智能合约自动完成：在平台中立的条件下降低交易成本，确保交易公平，而不再依赖中心化平台；数据交易可依托区块链技术拓展至中心化交易平台。交易的每一步均会在区块链上留下不可篡改的记录，确保数据来源真实、所有权合法、交易透明，为各方提供可信赖的市场环境。

此外，智能合约将成为未来数据交易机制的重要工具。智能合约可预设自动化条件，一旦条件满足即自动执行交易，从而极大提高效率，减少人为干预，降低纠纷。买卖双方在达成共识后，智能合约将在数据符合买方要求时即时支付款项，实现快速清算，降低风险，保障双方权益，减少违约纠纷，营造更加高效、公正、完备的市场环境。

第三方机构或平台应建立数据认证评分制度，依据完整度、时效性、准确率等维度对数据打分，为买方提供直观品质参考；同时定期审查并周期性审核平台流通数据，杜绝低质数据，维护市场公平，确保持续符合质量标准。

随着数据应用的日益广泛，数据道德观与社会责任在交易中逐渐成为重要课题。未来交易机制将在合法、合理框架内强化数据合规，建立清晰的责任追溯体系。一旦数据外泄或被滥用，即可迅速追溯责任人并依规进行处分，从而防患于未然。

未来数据交易市场将推动交易方式走向智能化、规范化、全球化。依托区块链、智能合约等技术，交易流程将更合规高效；第三方监督与生态建设则为数字经济可持续发展奠基，并为市场履行数据伦理与社会责任提供有力支撑与保障。

结语
数据资产交易——未来已来，你准备好了吗

一、数据资产交易的无限可能

据《2024 年中国数据交易市场研究分析报告》测算，2023 年中国数据交易市场规模约为 1 537 亿元人民币，预计 2025 年达到 2 841 亿元，2030 年有望突破 5 156 亿元。这表明，数据作为生产要素已得到市场高度认可。

得益于国家政策的大力扶持，以及大数据、人工智能、区块链等技术的持续支持，我国数据市场在未来十年有望保持两位数以上的增速。放眼全球，2022 年全世界数据资产交易规模约 906 亿美元，多家机构预测 2025 年全球数据市场规模有望增长至 1 445 亿美元，而到 2030 年更可能达到 3 011 亿美元。

数据可以与传统生产要素深度融合，激发全要素生产力。从行业分布看，当前数据交易规模主要集中于金融与互联网行业，占比接近六成。这两个行业均为数据密集型行业：金融需要客户数据评估资信，互联网行业需要客户偏好数据制定营销策略。相比之下，通信、制造、交通、医疗等行业仅占约四成，可以预见，随着数据要素进一步渗透，上述行业将迎来巨大价值增量。

二、面向未来的挑战与机遇

如前文所述，数据自身的特性决定了利用过程中必须直面多重挑战。首先，

数据定价尚未形成统一可靠的标准，传统估值方法难以套用，可参考案例稀缺，定价难等仍是行业痛点；其次，数据安全令人担忧，数据可复制、易传播，一旦遭遇黑客攻击导致泄露或篡改，其经济价值将大幅缩水。此外，数据交易还面临标准化、规范化等多重挑战。目前我国已运营和正筹备中的数据交易机构共 88 家，这些机构在中国数据交易市场中扮演着重要角色，持续推动数据资源流通。

数据交易应坚持市场导向，培育更多合格的数据交易商，并引入合格的第三方服务机构协助企业参与市场，通过充分竞争形成数据资产价格。政府则应围绕数据交易打造完善的监管体系和法律体系，规范市场行为，加强政策引导与监管，完善法律法规，保障交易合法性与安全性，为行业长远健康发展奠定坚实基础。

可以预见，数据资产管理、数据安全控制等技术将迎来更广阔的发展空间，技术创新将持续赋能数据资产交易；新型计算模式、数据存储技术等也将为交易提供更多可能，市场对既熟悉金融行业运作又具备扎实计算机科学、网络安全技术的复合型人才需求巨大。

三、每个人都是数据交易时代的探索者

我们每个人都可在数据交易的时代浪潮中扬起自己的风帆！随着市场发展，个人亦可通过授权交易自身数据获利。2023 年 4 月 25 日，贵阳大数据交易所宣布完成中国首例个人数据场内交易：在征得个人用户同意后，好活（贵州）网络科技有限公司（以下简称好活科技）采集用户简历并加工为"数据产品"，通过加密计算等技术确保可用性与隐私性；随后，好活科技将数据产品上架贵阳大数据交易所，用人单位可在平台购买，个人用户则通过平台获得利润分成。个人可关注并了解不同数据交易平台，这些平台提供数据资产买卖、交易撮合等服务，使公众更直观地掌握交易流程与市场动态；亦可

通过购买数字货币或投资区块链项目参与数据资产增值。总之,个人可通过数据交易获利、提升数据素养、参与数据消费,同时也为中国数据交易市场的壮大贡献力量。

附录　典型案例解析

一、个人简历合规交易——贵阳大数据交易所＋好活科技

2015 年 4 月 14 日，贵阳大数据交易所正式挂牌运营并完成首批大数据交易，成为国内首家以"大数据"命名的交易所。交易所持续引入隐私计算、联邦学习、区块链等先进技术，构建多元数据产品体系，全面激活数据要素供给。

作为区域生态的重要成员，好活（贵州）网络科技有限公司于 2020 年成立，注册资本 1 012.5 万元、实缴 522.5 万元，是贵州省创新赋能大数据投资基金重点支持的软件和信息技术服务企业。

1. 个人简历合规交易第一单

个人数据涵盖身份、银行卡、信用卡、网购等信息，被视为关键生产要素，一旦合规流动即可释放社会价值，并让个人在收益与就业两端获益。然而，交易一端连着隐私、一端连着公共利益，敏感度高，需要技术、法律和政府协同护航。

2023 年 4 月，贵阳大数据交易所携手好活科技完成全国首笔个人数据场内交易——标的为求职者简历。具体流程为：个人注册"好活"账号并签署委托授权书、知情同意书后上传简历；交易所与好活科技利用互联网技术采集清洗数据，再通过交易所"数据产品交易价格计算器"和好活简历模型，结合灵活就业情况给出参考价；随后联合律师事务所对产品及交易全流程进行安全合规审查并出具《数据产品法律合规意见书》；合规后简历作为数据产品上架，交易所撮合用工企业购买。在利益分配上，好活科技收取数据搜寻、加工、销售服务费，个人获得利润分成。这不仅实现了经济效益，也为灵活就业者拓宽了岗

位，验证了政府引导、社会参与的模式是可行的。

此次交易在"个人数据可交易范围、利益分配规则"尚缺乏法律明文规定的情况下，凭借律师事务所的全过程合规背书开创了先例。同时，在贵州省创新赋能大数据投资基金的支持下，成功化解了规模小、风险大、利润低的难题，实现了企业经济效益与社会效益的统一。个人则在收入与就业双重收益驱动下有望持续参与。尽管当前个人数据交易体量远小于公共和行业数据交易，但未来的发展空间十分广阔。

2. 贵阳大数据交易所在数据交易领域的创新举措

除了为企业赋能，贵阳大数据交易所在数据交易领域的创新举措主要体现在以下六个方面。

（1）规则体系。发布《数据产品成本评估指引 1.0》《数据产品交易价格评估指引 1.0》《数据资产价值评估指引 1.0》，为数据交易提供了统一规范，提升了交易的透明度与效率，推动了市场健康发展。

（2）价格工具。2023 年率先上线"数据产品交易价格计算器"，企业在线输入信息即可快速估算市场价格，破解了定价难题，增强了交易活跃度。

（3）融资产品。联合金融机构推出"贵数贷"，以数据资产质押融资，缓解了中小企业资金压力，开辟了无形资产融资新路径。

（4）交易保险。携手保险机构推出数据交易保险，为企业防控数据泄露、篡改等风险，保障资产价值最大化。

（5）数据资产入表。率先构建数据资产入表全流程闭环服务体系，以提升企业数据账面价值与市场认可度，加速数据资源转化为新质生产力。

（6）机构互通。牵头举办全国数据交易机构互认互通闭门研讨会，推动产品互认、需求互动、标准互通、主体互信，避免恶性竞争，助力全国统一数据要素大市场建设。

这些创新举措不仅强化了贵阳大数据交易所的服务能力与市场影响力，也为行业树立了标杆。其深化了数据要素市场化配置改革，为数字经济高质量发展提供了坚实支撑，进一步巩固了贵阳大数据交易所在全国乃至全球数据交易领域的领先地位。

二、顺丰科技与圣辉征信的合作：数据在信贷场景中的华丽变身

顺丰科技有限公司（以下简称顺丰科技）与圣辉征信有限公司（以下简称圣辉征信）的合作，是国内首例以物流大数据为核心驱动，融合数据经纪和数据合规服务，最终通过数据交易所完成数据流转并落地金融场景的案例。在深入解析之前，我们有必要先了解合作双方及其他参与方的背景。

顺丰科技有限公司成立于 2009 年，是顺丰集团的智能技术与数据中枢，以"科技创新引领物流变革"为使命。公司融合了人工智能、大数据、运筹学、数字孪生、物联网、区块链等前沿技术，累计申请专利 1 800 余项、软件著作权 1 600 余项。顺丰科技不仅对内实现了收派、分拣、运输、仓储全流程数字化，保障包裹准时安全送达，还面向各行业输出智慧供应链产品与解决方案。通过 2003 年率先应用手持巴枪、2004 年上线国内首个快递管理集成系统、2012 年首建自动化分拣中心、2013 年启动物流无人机、2016 年构建大数据选址及预测模型、2017 年推出慧眼神瞳 AIoT 平台、2021 年对外开放科技能力、2022 年完成中转场数字孪生体等国家课题，顺丰科技持续推动物流行业向智能化、数字化、透明化、精细化升级。

圣辉征信有限公司成立于 2015 年，注册资本 5 000 万元，同年即获企业征信业务备案，是首批"信用中国"信用修复服务商，并获得公安部信息系统安全二级保护资质。公司面向金融机构和企业提供信用评估、数据交易、信用管理咨询、信用调查、信用产品研发及增值服务。依托"大数据＋区块链＋信用"模式，公司通过自研"享链·信用链"整合实时招投标信息、企业信用档案与不良行为记录，绘制信用主体的"信用图谱"，服务于政府监管、数字经济及金融"信用贷款"等多场景风控需求。

在了解完两家公司的背景后，我们可以对双方的合作进行剖析。数字经济时代，数据作为生产要素的重要性日益凸显。党的二十大报告提出，要完善产

权保护、市场准入、公平竞争、社会信用等市场经济基础制度。其中，完善的社会信用体系是资源优化配置的坚实基础，也是良好营商环境的重要组成部分。

贵阳大数据交易所通过研究探索市场信息主体与信用体系建设的关系，结合数据要素流通市场的发展情况，丰富有效数据供给，挖掘各领域的数字化转型及数据应用场景。在此基础上，交易所还探索如何在推动改善数据要素配置的同时，满足市场需求和监管要求。而顺丰科技与圣辉征信的合作正是在这种背景下开展的。

2022年5月，数交数据经纪（深圳）有限公司（以下简称数据经纪公司）率先进驻贵阳大数据交易所，随后在其推动下，顺丰科技亦完成进驻，成为全国首批交易所数据商。顺丰科技依托多元业务沉淀的海量数据及行业解决方案，提炼出全国物流类数据产品，并采用数据脱敏等技术确保隐私数据"可用不可见、安全合规"，随后正式上架。该产品迅速吸引了某银行的关注，经评估该产品高度契合信贷风控模型需求，银行遂提出合作意向。鉴于交易涉及征信业务，需将数据统一归集至持牌征信机构后再向金融机构输出，同为交易所数据商的圣辉征信遂进入合作视野。依托同一交易平台，各方即可开展场内交易，但金融场景数据合规链路须同时满足省大数据发展管理局、省地方金融监督管理局等部门要求，并构建安全、合规、可控的专项数据应用体系。

随后，贵阳大数据交易所引入数据合规机构广东广和律师事务所（以下简称广和律所），由其针对顺丰科技开展项目调查与访谈，并出具法律意见书，为顺丰科技与圣辉征信的数据交易提供全程法律支持与合规背书，确保交易合法、安全、顺利完成。

在合作过程中，顺丰科技充分发挥自身优势，以数智手段深度嵌入业务价值链，持续沉淀并输出定制化产品与服务，助力产业升级；依托其在物流与供应链管理领域积累的海量大数据与先进技术，构建起全面且精准的供应链画像产品体系。圣辉征信则通过引入顺丰科技提供的物流大数据，将其可信数据核验能力深度融入征信服务，并在严格遵守相关法律法规的前提下，将这些数据应用于银行信贷场景，帮助银行的风险控制模型实现更高精度、更高效率与更高安全性的全面提升。

最终，几方共同打造出以银行作为"内环"需求方，顺丰科技与圣辉征信作为"内环"供给方，贵阳大数据交易所及广和律所等数据中介服务机构作为"中环"，信贷场景与多元金融需求作为"外环"的立体生态场景模式。整个合作过程中的数据供需及第三方服务流程如下图所示。

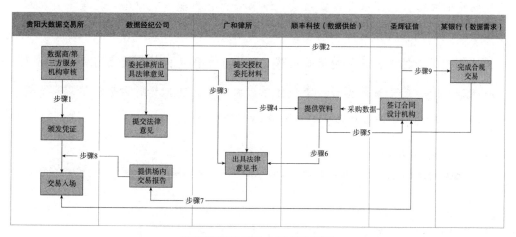

数据供需及第三方服务流程图

这次数据交易的合作无疑是互利共赢的。这次合作对顺丰科技的裨益可概括为五点：一是成功将物流大数据跨域应用于征信场景，不仅拓宽了业务范围，还带来了新的商业机会，并同步提升了大数据竞争力；二是原本沉睡的数据被激活，转化为可交易、可盈利的产品与服务，实现了数据资产价值最大化释放，进一步巩固了顺丰科技在市场中的地位和影响力；三是合作全过程对外展示了顺丰科技的数据能力，让其赢得了更多市场关注与认可；四是深度参与征信场景，获得了一手实践洞察，为其自身数字化转型提供了可复制、可迭代的范本；五是借此跑通了"数据即服务"的新商业模式，既开辟了多元收入渠道，也为未来跨行业输出数据能力打开了更广阔的想象空间。

圣辉征信同样收获颇丰，具体表现在三个方面：首先，借助顺丰科技引入的物流大数据，圣辉征信显著拓宽了征信业务的广度与深度，利用运营状况、交易习惯、供应链稳定性等多维信息，实现了对客户信用更精准的评估；其次，依托这些高质量数据，圣辉征信能够提供更加个性化的征信服务，竞争力随之提升，商业机会与收入同步增长；最后，本次合作带来的不仅是当期收益，更为圣辉征信后续业务开辟了新的合作网络，成为其在相关领域长期发展的坚实起点。

此次合作成功实现了物流大数据在信贷场景的合规"华丽转身"。数据是数字经济的血液，闲置数据即是浪费，唯有资产化方能释放价值。本案例首次跑通了物流数据在征信业务中的合规流通与交易链路，为整个行业树立了一个可借鉴的范式。然而，这只是漫长征程的起点，数据定价、优质供给等痛点依然存在。只有持续完善数据资产交易体系，才能最大化地释放数据价值，真正发挥新型生产要素的乘数效应，助推数字经济行稳致远。

参考文献

[1] Coase, R. H. (1960). The Problem of Social Cost.Journal of Law & Economics, 3, 1-44.

[2] Amit, R., & Han, X. (2017).Value creation through novel resource configurations in a digitally enabled world. Strategic Entrepreneurship Journal, 11(3), 228–242.

[3] LaValle, S., Lesser, E., Shockley, R., Hopkins, M. S., & Kruschwitz, N. (2011). Big Data, Analytics and the Path from Insights to Value. MIT Sloan Management Review, 52, 21-22.

[4] 张朔, 赵晟骜, 严若婷. 企业数据资产价值实现及金融支持模式研究 [J/OL]. 西南金融 ,2024,(1):1-11.

[5] 刘海生, 汪俊, 黄斓. 数据资产管理：演化逻辑与体系框架 [J]. 会计之友 ,2024,(21):147-154.

[6] 庄阳, 边瑞. 平台企业数据资产化研究 [J]. 合作经济与科技 , 2024,(23):129-131.

[7] 何瑛, 陈丽丽, 杜亚光. 数据资产化能否缓解 "专精特新" 中小企业融资约束 [J]. 中国工业经济 ,2024,(8):154-173.

[8] 李金贵. 数据资产化发展现状、面临挑战和对策建议 [J]. 中国经贸导刊 ,2024,(11):80-82.

[9] 赵馨燕, 吴彦明, 陈爱华, 等. 数据资产化：实现环节、驱动效应与实现路径 [J]. 会计之友 ,2024,(19):75-81.

[10] 王鹏, 张路阳. 从数据资产化看企业数据资产管理 [J]. 企业管理 ,2024,(8):55-60.

[11] 尚进. 价值跃迁：数据资产化实践 [M]. 北京：法律出版社, 2024.

[12] 陈刚, 颜斌斌, 汤珂. 数据的要素化与资产化：理论辨析与实践探索 [J]. 国际经济评论 ,2024,(5):153-176.

[13] 吴其坤. 数据资产化助力实体经济发展 [J]. 中国金融 ,2024,(14):31-32.

[14] 许莹莹, 李江涛, 周燕, 等. 数据资产化、科技创新与企业投资效率关系研究 [J]. 中国物价 ,2024,(7):58-63+75.

[15] 赵治纲, 曾家瑜. 数据资产化的理论逻辑与现实挑战 [J]. 中国卫生信息管理杂志 , 2024,21(3):331-335+360.

[16] 郝治军. 要素价值视域下数据资产化路径研究 [J]. 甘肃金融 ,2024,(5):6-10+36.

[17] 马费成, 孙玉姣, 熊思玥, 等. 三大数据资产化路径探析 [J]. 信息资源管理学报 ,

2024, 14(5):4-13.

[18] 杨东, 高一乘. 赋能新质生产力发展: 企业数据资产"确权"的三重维度 [J]. 商业经济与管理, 2024,(4):83-93.

[19] 翟梓琪. 做好数据资产化推动新质生产力发展 [N]. 中国会计报, 2024-03-08(7).

[20] 胡伟. 企业数据资源资产化: 理论机制、实践基础与政策选择 [J]. 财会通讯, 2024, (3):13-19+157.

[21] 江涛. 数据资产的交易效应、服务收益与交易生态 [J]. 学术月刊, 2024, 56(1):70-80.

[22] 季良玉. 数据资产的交易困境及其治理 [J]. 会计之友, 2023,(13):27-31.

[23] 陆威文, 苟廷佳. 数据要素资产化的理论逻辑与实践进路——基于对数据资产内涵与价值规律的认识 [J]. 企业经济, 2023,42(4):28-39.

[24] 林镇阳, 赵蓉, 尹西明, 等. 场景驱动数据要素流通交易与价值化体系研究 [J/OL]. 华北水利水电大学学报 (社会科学版),2024,(1):1-12.

[25] 尹西明, 钱雅婷, 武沛琦, 等. 平台企业加速数据要素向新质生产力转化的逻辑与进路 [J]. 技术经济, 2024,43(3):14-22.

[26] 杨东, 高清纯. 加快建设全国统一大市场背景下数据交易平台规制研究 [J/OL]. 法治研究, 2024,(1):1-14.

[27] 宋方青, 邱子键. 数据要素市场治理法治化: 主体、权属与路径 [J]. 上海经济研究, 2022,(4):13-22.

[28] 龚强, 班铭媛, 刘冲. 数据交易之悖论与突破: 不完全契约视角 [J]. 经济研究, 2022, 57(7):172-188.

[29] 崔红蕊. 数据资产交易中的风险防范 [J]. 当代金融家, 2024,(9):119-121.

[30] 李嘉亮. 从资源到资产的"数变"之路 [N]. 中国财经报, 2024-08-20(8).

[31] 冯科, 黄雨菡. 企业数据资产的区块链交易定价机制研究 [J]. 技术经济与管理研究, 2024, (9):30-36.

[32] 张俊瑞, 张颖, 董南雁. 数据资产管理研究评述与未来研究方向探索 [J/OL]. 现代财经 (天津财经大学学报), 2024,(11):22-38.

[33] 刘冰. 论企业数据资产产权的初始取得、流通与保护 [J]. 上海政法学院学报 (法治论丛),2024,39(4):70-86.

[34] 布赫. 区块链技术对数字经济中数据交易的影响 [J]. 中国市场, 2024, (29):199-202.

[35] 王江, 姜伟, 王普. 我国数据要素交易市场发展现状与未来趋势 [J]. 网络安全与数据治理, 2024, 43(7):1-7+25.

[36] 苏德悦. 推动数据交易场所高质量发展激活数据要素价值潜力 [N]. 人民邮电, 2024-08-26(3).

[37] 魏凯, 闫树, 吕艾临. 数据要素市场化进展综述 [J]. 信息通信技术与政策,2022,

(8):59-64.

[38] 陈兵, 赵秉元. 数据要素市场高质量发展的竞争法治推进 [J]. 上海财经大学学报, 2021,23(2):3-16,33.

[39] 陈俊, 李永康, 龚启辉. 企业数据资源会计处理研究——基于财会〔2023〕11 号文件 [J]. 财会月刊,2023,44(21):13-18.

[40] 李强. 数据资产入表的发展趋势 [J]. 中国金融,2024,(14):22-24.

[41] 蹇薇, 陈朝琳, 郭绪琴.《企业数据资源相关会计处理暂行规定》实施要点及建议 [J]. 财务与会计,2023,(21):41-44.

[42] 刘峰, 袁红, 苏雅拉巴特尔, 等. 再论财务报告的目标——兼评《企业数据资源相关会计处理暂行规定》[J]. 会计研究,2023,(4):3-15.

[43] 张素华, 邓鹏. 数据产权统一登记体系的探索与制度构建 [J/OL]. 电子政务,2024,(1):1-13.

[44] 张素华. 数据资产入表的法律配置 [J]. 中国法学,2024,(4):229-249.

[45] 许宪春, 张钟文, 胡亚茹. 数据资产统计与核算问题研究 [J]. 管理世界,2022,38(2):16-30+2.

[46] 李爱君, 夏菲. 论数据产权保护的制度路径 [J]. 法学杂志,2022,43(5):17-33+2.

[47] 冯晓青. 数字经济时代数据产权结构及其制度构建 [J]. 比较法研究,2023,(6):16-32.

[48] 田杰棠, 刘露瑶. 交易模式、权利界定与数据要素市场培育 [J]. 改革,2020,(7):17-26.

[49] 童楠楠, 张琳颖, 牛文倩. 我国数据交易市场建设:实践进展、生命周期定位与推进对策 [J]. 经济纵横,2024,(1):93-100.

[50] 梁宇, 郑易平. 我国数据市场治理的困境与突破路径 [J]. 新疆社会科学,2021,(1):161-167.

[51] 雷震文. 以平台为中心的大数据交易监管制度构想 [J]. 现代管理科学,2018,(9):19-21.

[52] 王宇冰, 马映冰, 高智伟, 等. 我国数据交易市场发展现状及培育对策 [J]. 现代工业经济和信息化,2023,13(7):34-36,39.

[53] 李晶晶. 我国数据要素交易制度的构建与完善 [J]. 湖北社会科学,2023,(8):139-147.

[54] 刘奕, 李清逸, 姜莱. 基于数据价值链的数据要素交易机制创新研究 [J]. 学习与探索,2023,(4):88-97.

[55] 欧阳日辉. 我国多层次数据要素交易市场体系建设机制与路径 [J]. 江西社会科学,2022,42(3):64-75+206-207.

[56] 乔聪军. 创新交易机制推动数据合规流通 [J]. 中国信息界,2023,(5):52-54.

[57] 王青兰, 王喆. 数据交易动态合规:理论框架、范式创新与实践探索 [J]. 改革,2023,(8):42-53.

[58] 殷利梅, 黄梁峻. 我国数据要素流通现状、困境及对策建议 [J]. 中国国情国力,2023,

(7):4-6.

[59] 马费成, 卢慧质, 吴逸姝. 数据要素市场的发展及运行 [J]. 信息资源管理学报, 2022,
12(5):4-13.

[60] 孔艳芳, 刘建旭, 赵忠秀. 数据要素市场化配置研究：内涵解构、运行机理与实践路
径 [J]. 经济学家, 2021,(11):24-32.

[61] 许伟, 刘新海. 中国数据市场发展的主要障碍与对策 [J]. 发展研究, 2022, 39(7):45-52.

[62] 任保平, 刘洁. 建立完善中国特色的数据市场定价机制 [J]. 当代经济研究, 2024,
(7):51-59.

[63] 王庆德, 乔夫. 数据要素交易市场建设的制度创新与实践 [J]. 价格理论与实践, 2023,
(7):65-69.

[64] 刘辉, 夏菁. 数据交易法律治理路径探析 [J]. 海峡法学, 2022,24(1):80-88.